Heidi S. Thiele

•

Das Meisterduo

Heidi S. Thiele

Das Meisterduo

Krimi-Kurzgeschichten

Bibliografische Information der Deutschen Nationalbibliothek
Die Deutsche Nationalbibliothek verzeichnet diese Publikation in der Deutschen Nationalbibliografie;
detaillierte bibliografische Daten sind im Internet über http://dnb.d-nb.de abrufbar.

Rheinstraße 46, 12161 Berlin
Telefon: 0 30 / 76 69 99-0
www.frieling.de

Umschlaggestaltung: Michael Beautemps
1. Auflage 2019
ISBN 978-3-8280-3465-5
Printed in Germany

Inhalt

Das Meisterduo

Im Laufe der Jahrhunderte hat es sie hier und da gegeben, Erfolgsduos, die magischen Zwei. Wir kennen sie alle in Gestalt von Dick und Doof, Pat & Patachon (was so gesehen keinen Unterschied macht). Dr. Jekyll und Mr. Hyde. *Nein, pardon, diese eindeutige Zweideutigkeit passt nicht in das besagte Muster.*

Mr. und Mrs. Smith, na ja ... Zweifelsohne führen die Klassiker Winnetou und Old Shatterhand oder die Krimihelden Sherlock Holmes und Dr. Watson die Liste an. Selbst der schusselige Kater Tom und der kluge Mäuserich Jerry haben ihren Platz. Schneeweißchen und Rosenrot? *Eher nicht, das ist eine andere Sparte.* Unverzichtbar das Gaunerpärchen Bonnie und Clyde ...

Nun haben es zwei weitere Abenteurer in den Kreis der Superliga geschafft:

Sunny del Silver, ein silbergrauer Kartäuser, einst in der Wildnis ausgesetzt, yogabegeistert und höchst diszipliniert, und Balou el Brownie, ein bildschöner, schokoladenbrauner British Kurzhaarkater, der eher unkonventionell vorgeht, aber zielsicher. Zwei edle Samtpfoten, reinrassig, superdynamisch, megaclever, anschmiegsam wie auch krallenwetzend. Tollkühn haben sie das Parkett der Erfolgsgespanne betreten und nachhaltig erobert.

Ein mysteriöser Fall

Zeitlupenartig traf del Silvers athletischer Körper auf sandigen Boden, die vier durchtrainierten Pfoten leicht angewinkelt und nach allen Seiten ausgerichtet. Er nennt es den Vierermodus. Das ist seine Art, entspannt nachzudenken. Die Vergangenheit lehrte el Brownie, seinen Kumpel, verharrt in dieser Stellung, niemals nicht zu stören. Der Vierermodus dauert eine Weile. Ein Anblick, als sei del Silver in Beton gegossen. Steif und starr präsentiert er seine maskulinen Gliedmaßen in dieser Lage. Statuengleich die Silhouette el Brownies an der Seite des in Trance daliegenden Partners. Niemand, der die beiden so vorfindet, kann ernsthaft glauben, zwei äußerst lebendige Draufgänger vor sich zu haben. *Wirklich niemand ...*

Nach einer endlos dauernden Zerreißprobe riskierte del Silver einen waghalsigen Sprung, absolvierte eine Paraderolle in der Luft und landete gekonnt auf den muskulösen Tatzen. „Also, ich bin tiefenentspannt. Wie steht´s mit dir?"

„Wow ... was für ein Happening! Man könnte meinen, du bist auf Droge."

„Ha! Ich bin auch ohne Push-ups bestens drauf, ich greife lediglich in die Yogakiste. Das ist das ganze Geheimnis."

„Mann, wie kannst du nur so lange so ulkig daliegen ... Sieht nicht wirklich bequem aus."

„Hm ... du solltest es einmal ausprobieren, das setzt ungeahnte Kräfte frei."

„Ja, ja, ich hege keinerlei Zweifel. Ich selbst verlasse mich da lieber auf eine andere Kraftquelle." Den edlen Schnurrbart zwirbelnd, lächelte el Brownie vielsagend vor sich hin ...

„Die da wäre?"

„Das bleibt besser mein Geheimnis. Du weißt doch, Angebertum ist nicht meine Sache." Er grinste gönnerhaft.

„Ach, ich weiß schon, deine Energiezapfsäule hat vier herrlich geformte Pfötchen, ein perfektes Hinterteil und, nicht zu vergessen, ein hinreißend schönes Katzenschnäuzchen."

„Tja, wer kann, der kann." Währenddessen el Brownie verzückt dahinlamentierte, zupfte die linke seiner Pfoten perfekt gewachsene Barthaare in Form.

„Wie dem auch sei, jeder hat schließlich seine eigene Methode, das Superhirn zu spitzen", entgegnete del Silver hochtrabend.

El Brownie wusste es längst: Sein Partner führte die Hitliste der genialsten Kriminologen an. Er selbst verfügte ebenfalls über jede Menge Geistesblitze und ungeahnte Fähigkeiten. Ohne seinen genialen Spürsinn wäre del Silver schlechter dran, keine Frage. Sie ergänzten einander unfassbar gut. Ein Glücksfall, der die beiden einst zusammenführte …

El Brownie schielte stolz zu seinem Kumpel hinüber. „Hast du eine Idee, wie wir in unserem neuen Fall vorgehen wollen?"

Mrs. Hagginfield, eine Nachbarin von Mr. Mackentosch, sah den allseits beliebten Witwer im besten Mannesalter stocksteif auf den Steinfliesen seiner Terrasse liegen und allarmierte sogleich die Polizei. *Wer um Himmels willen hatte ein Interesse daran, Mr. Mackentosch umzulegen?* Das war die alles zu klärende Frage.

Es blieb nicht der einzige Fall dieser Art. Äußerlich war den Dahingegangenen nichts anzumerken, keinerlei Gewaltanwendung. Die Obduktion offenbarte Gift als Todesursache, wenn auch nur in geringer Menge. Ein bizarres, starkes Gift, dessen Wirkungsweise nur Sekunden dauert und nach maximal zwölf Stunden nicht mehr nachweisbar ist.

Der auf diesen Fall angesetzte Hauptkommissar, Don Salvatore, ein in die Jahre gekommener, von Ehrgeiz zerfressener, einst eigens aus Sizilien einberufener Spezialist pikanter Mordfälle, stand vor einem Rätsel. Er war es, der seinerzeit einflussreiche Mafiosokreise unsanft störte. Und wenn es perfekt lief, manch schlimmen Finger zeitlebens in eine kalte, graue Gefängniszelle verfrachtete. Aus diesem Grund beschloss Don Salvatore, das Land seiner Väter schnellstmöglich zu verlassen.

Zwei der insgesamt vier Todesopfer passten nicht ins Muster. Ein Opfer starb relativ unbekleidet im eigenen parkenden Auto, das andere war angeblich lebensmüde, ein kurzer, handgeschriebener Abschiedsbrief lag neben der Leiche. Unklar war, ob diese beiden Fälle ebenfalls auf die Liste des Giftmischers gehörten.

„Tja, der Fall ist suspekt." Del Silver leckte seine rechte Pfote unaufhörlich. So hält er es immer, wenn er besonders angespannt ist. Ein weiteres Merkmal innerer Anspannung ist ein außerirdisches Funkeln smaragdgrüner Augen. Ein unumstößliches Zeichen, dass ein Plan heranreift. El Brownies orangefarbiges, formvollendetes Augenpaar verfolgte das Spektakel aufmerksam. Endlich ließ del Silver ab von der zum Auswringen genässten Pfote und miaute stimmgewaltig wie seine großen Verwandten, die Tiger. „Auffällig ist, dass nur Männer zu Tode kommen ..."

„Ja, und der jeweils geschätzte Todeszeitpunkt ...", fiel el Brownie ihm ins Wort.

„Genau, immer am frühen Abend. Ich war selbst dabei, als unser Hobbysheriff mit seinen Leuten darüber sprach."

Innerhalb nur weniger Wochen – ausgerechnet im Hochsommer – war der bis dahin einschläfernde Ort zu einer Hochburg des Schreckens mutiert.

„Stutzig macht mich der stets fein dekorierte Abendbrottisch, Gedecke für zwei Personen ...", erwähnte el Brownie.

„Don Salvatore spricht dauernd von *dem Täter*. Möglich und eher vorstellbar wäre eine Täterin", mutmaßte del Silver.

„Ja klar! Kein Mann der Welt legt eine solche Perfektion an den Tag nur der Nahrungsaufnahme wegen."

„Männer trinken im Allgemeinen auch lieber ein kühles Pils statt gekühlten Rosé“, erwiderte del Silver.

Jeder der beiden Prachtexemplare beschäftigte das eigene Gedankengut. Sie saßen bequem auf weichen, gut genährten Hinterteilen, den Schwanz galant um die Vorderpfoten gelegt, den mächtigen Katerkopf stolz geradeaus gerichtet. (Dieses Bild erinnerte nicht etwa an Holmes und Watson, eher an ... nun ja ...)

Don Salvatore hielt an der Theorie fest, dass ein vor Eifersucht tobender Ehemann seiner Angetrauten hinterherspionierte und ein weiteres Tête-à-Tête auf grausame Weise verhindern wollte. Die Gattin am Fortgehen gehindert – wie und womit auch immer –, machte er sich mit der Giftschatulle unterm Arm zum Nebenbuhler auf. Und weil sein Weib der Treue unlängst abgeschworen hatte, blieb es nicht bei nur einem Mord ... oder so. Don Salvatores Überlegungen waren nicht ohne, auf jeden Fall ohne Beweise.

Del Silver und el Brownie verfolgten eine ganz andere These: Eine äußerst clevere Täterin trieb ihr Unwesen. Stets inspizierten sie den Ort des Verbrechens, nachdem die Gesetzestreuen im Office oder zu Hause über den jeweiligen Fall brüteten. Manchmal, wenn sie rechtzeitig davon Wind bekamen, schlich einer der beiden während der Beweisaufnahme wie selbstverständlich am Tatort umher, die Öhrchen gespitzt, die Äuglein geöffnet für alles, was irgendwie weiterhelfen konnte. *Katzen verfügen über einschlägige Möglichkeiten ...*

Gemeinsam schlenderten del Silver und el Brownie am hiesigen Sportplatz vorbei Richtung Mainstreet. „Weißt du Silver, es ist schon seltsam, nie fehlt irgendetwas, ich meine Wertgegenstände und so ’n Zeug.“

„Richtig, gut kombiniert, Brownie.“ (In gewissen Momenten reden sie sich mit der Kurzform an.) „Also, was schließen wir daraus? Mord aus Leidenschaft! Wobei wir wieder bei den Damen wären ..."

„Ein Verbrechen dieser Art hat meist eine weibliche Handschrift."

„Eines hat nun Priorität: Wir müssen dem Morden ein Ende setzen!"

„Was schlägst du vor?"

Wache halten ... Bei knapp 100 Einwohnern ein eher schwieriges Unterfangen. Multiplizieren können wir uns leider nicht. Was für eine herrliche Vorstellung ...!" Del Silver überwältigte der eigene, exotische Gedankengang.

„Ne Katzen-Matrix, das wär's doch", sagte el Brownie augenzwinkernd.

„Spinner! Hm ... aber ja ... Katzen ... viele ... ein Heer von Katzen ... Wachpersonal auf vier Pfoten ..."

„Genial, Silver! Du verblüffst mich immer wieder."

„Ich gebe zu, unbeteiligt bist du mal wieder nicht an meiner Vision. Du hast mich geradezu auf diesen Gedanken gestoßen in der dir eigenen, unkonventionellen Art."

„Ach Silver, ich bin halt deine bessere Hälfte, dein Gegenpart, der Punkt auf dem i ... dein ..."

„Okay, lass stecken. Ich gebe zu, du bist ein ausgezeichneter Partner! Reicht das fürs Erste?"

„Hm ... mal überlegen ... och ja ... das sollte für den Moment genügen."

„Du Schlingel! Aber um noch einmal auf den Fall zurückzukommen. Ich denke, wir kriegen es hin, eine Art Katzenarmee aufzustellen. Wie viele unserer Art leben eigentlich in diesem Ort? Dreißig, vierzig?"

„Die Streuner nicht zu vergessen. Das dürften einige mehr sein ..."

„Genau, Brownie. Fragen wir Shakakan, den Anführer der Heimatlosen. Er wird uns helfen, alle zusammenzutrommeln, notfalls auch aus der Umgebung. Jeweils ein Stubentiger hält Wache vor jeder gottverdammten Haustür."

„Genial! Aber weißt du was? Wenn ich nicht bald was zu Fressen kriege, falle ich ins Hungerkoma. Ich kümmere mich erst einmal um ein ordentliches Mittagessen. Mein Magen fühlt sich an wie Maus im Loch, nur ohne Maus, verstehst du?"

„Nee ..."

„Oje, ich halluziniere schon. Auf dem Weg hierher habe ich beobachtet, wie Mrs. Chamberlain ein noch gut bestücktes halbes Hähnchen achtlos in den Müll warf. Ich schaue besser gleich einmal nach, ob ich noch etwas davon vorfinde."

„Stimmt, ohne etwas Essbares zwischen den Kauleisten fällt eine strategische Vorgehensweise vermutlich weniger vorteilhaft aus. Beeile dich. Ich widme mich derweil dem Meditieren. Danach habe ich schließlich immer die besten Ideen."

„Oh ja, ich weiß Bescheid!" Allein die Vorstellung des Ausübens eines Vierermodus veranlasste el Brownie, wie von Hunden gehetzt, zu der besagten Mülltonne zu sprinten. Keiner der Streuner hatte dem weggeworfenen Hähnchen Beachtung geschenkt, und so war den zwei Spürnasen ein gutes Mahl sicher.

Nach Katzenmanier die Barthaare zwirbelnd, das Pfötchen ausgiebig über das Schnäuzchen wischend, nahmen sich beide Zeit für ein intensives Nickerchen. Mental und körperlich gestärkt (und an Perfektionismus leidend), machten sie sich daran, ihren Plan akribisch durchzugehen.

„Ich schlage vor, wir durchsuchen die jeweiligen Tatorte erneut. Manchmal übersehen die Jungs des Einsatzkommandos etwas. Als Nächstes müssen wir unsere Zunft davon überzeugen, bei der Aktion mitzumachen; die Kater überlass mir, bei den Damen kannst du sicher mega punkten, Brownie. Du bist doch der Vierpfotenprinz einer jeden Katze, du Casanova, du!"

„Tja, da magst du richtigliegen! Also, ich gebe mein Bestes, versprochen.“ (Kein Zweiter lächelt so verführerisch).

„Brownie, nur zum besseren Verständnis: Nicht rumscharwenzeln, Verbündete finden, heißt das Motto!“

„Das eine schließt das andere doch nicht aus …“ Da war er wieder, der unwiderstehliche Augenaufschlag, der Blick, der die gesamte Antarktis zu glühender Lava verwandelt. Selbst del Silver war kurzweilig hingerissen.

„Äh … ja … also … hm … Wir müssen jetzt alle sieben Sinne beisammen haben, wenn du verstehst, was ich meine, *Partner* …“

„Klar, Chef.“

In der Zwischenzeit versorgte del Silver die umliegenden Bäume mit Infoblättern, in der Hoffnung, jede Menge Kriegerpfoten für seine Idee zu begeistern. Hierzu bedurfte es nicht vieler Worte, lediglich sein Zeichen, die Silberkralle, und der Satz: Suche willige Katertatzen für ein einträgliches Kriegsszenario, morgen, 15 Uhr, Garage, Ecke Cottonplace.

Zu diesem Zeitpunkt liefen hypnoseverdächtig entzückende Katzenpfötchen scharenweise einer erregenden Duftspur hinterher. „Hey, Ladies, ich habe euch erwartet!“ Lässig saß der Schokobraune auf einer eigens gepachteten üppigen Baumkrone und freute sich tierisch über die Anzahl der weiblichen Fans. Widerstehen konnte keine der Einladung von Balou el Brownie, dem einstigen Sieger der Balkonienstangentanzparade und stadtbekannten Charmeur. Eine jede hoffte auf ein Stelldichein. Vielleicht, so dachte manch hübsches Katzenmädchen, käme es dazu, sobald sie einander kennenlernten. Ein Ausruf der Begeisterung weiblicher Fans begleitete den Schokobraunen, als er gekonnt vom hochgewachsenen Eichenbaum heruntersprang und wie ein Vollblut-Sportler sofort und exakt in den Stand kam.

„Ihr zuckersüßen, wohlgeformten Schmusepfoten. Danke, dass ihr so zahlreich in meiner Nähe weilt. Ihr fragt euch sicher, warum ich euch eingeladen habe?“ Etwa dreißig grazile Katzenköpfe nickten einvernehmlich.

„Ich brauche euch, Ladies!“

„Ahhhh“, tönte es sogleich. Miranda, eine rot getigerte Naturschönheit, trat einen Schritt vor und traute sich zu, einige Worte zu sprechen. Während sie ihren geheimen Prinzen ungeniert anhimmelte, seufzte sie: „Was immer du von mir verlangst, ich lasse es geschehen, Balou.“ Verschämt sah sie zu Boden, um gleich darauf mit unsäglicher Entschlossenheit und verführerischem Augenaufschlag verlauten zu lassen: „Ich stehe voll und ganz auf dich, äh, hinter dir.“

„Oh ja, ich auch …“ „Und ich erst …“ „Nimm mich …“ „Ich!“ „Nein ich!“ „Nein ich!“ „Ich!“ *„Ich!“* …

„Meine Süßen, haltet ein, ich brauche euch alle. Was sagt ihr nun!“

„Wie, alle?“ „Alle auf einmal?“, schnurrten die Miezen im Chor.

„Wie soll denn das gehen, bitte schön?“, knurrte eine bereits in die Jahre gekommene Seniorkatze, das rot-weiß-schwarze Fell noch gut in Schuss. (Glamour Gloria, der Künstlername).

„Hey Gloria, oder sollte ich besser sagen GG? Wir kennen uns. Weißt du noch, der Abend bei Pepe …?“ El Brownie grinste anzüglich.

„Klar weiß ich das noch“, gurrte GG. „Mann, was für ’ne heiße Session. Meine Tatzen glühen heute noch, wenn ich an unsere hammergeilen Tanzeinlagen denke. Holla die Feldmaus …“

„Oh ja, das war ’ne Fete! Selten so viel Spaß gehabt …“ Er ließ das Ende offen.

„Um auf den Punkt zu kommen: Es geht nicht um eine neue Partnerin für die Revivaltanzshow im nächsten Frühjahr oder sonst ein Event“, el Brownie seufzte herzzerreißend. „Ich bin untröstlich, wenn ich euch so betrachte … eine hübscher als die andere! Mein Anliegen erfordert andere Talente.“ Ein Raunen ging durch die Menge. „Ihr habt doch bestimmt von den Mordfällen im Ort gehört. Del Silver und ich sind dran an dem Fall. Wir haben die Idee, vor jedem Eingang eine Wache aufzustellen für den Fall, dass der Mörder erneut zuschlägt. Seid ihr dabei?“

„Klar sind wir dabei.“ „Wann geht es los?“ „Sollen wir uns verkleiden?“ „Brauchen wir Schusswaffen?“ „Reicht ein dicker Stock, um den Unhold zu Fall zu bringen?“ „Sollten wir nicht besser die uns von der Natur mitgegebenen scharfen Krallen und spitzen Beißerchen einsetzen?“, tönte es aus der hinteren Reihe herüber. Die Stimme klang rebellisch und im gleichen Moment süß wie Honig … El Brownie war regelrecht eingeschüchtert. Ihm blieb keine Zeit, entsprechend zu antworten. Die unterschiedlichen Katzenstimmen entfachten ein heilloses Durcheinander. So eine enorme Entschlossenheit hatte er den zarten Tatzen gar nicht zugetraut. Um die mittlerweile kampflustige Meute in Schach zu halten, sprang er wagemutig auf einen Berg hochgestapelter Holzstämme. Dort oben sagte er in schmeichelnder Tonlage: „Hey, Ladies, ich denke, ihr seid – jede auf ihre Art – bestens ausgestattet!“ Sein verführerischer Blick erinnerte an einen glutroten Sonnenuntergang am Main River. In Nullkommanix war das Katzenvolk schockverliebt und willig.

Del Silver hatte derweil sein eigenes Ding am Laufen …

„Auf euch ist Verlass! Toll, dass ihr alle hier seid. Ich mache es kurz: Sicher habt ihr von den Mordfällen in der Gegend gehört. El Brownie und ich wollen dem sinnlosen Sterben ein Ende setzen. Wir brauchen jeden tapferen Krieger. Ihr gehört zu unserem Plan! Vor jedem Hauseingang, jeder Wohnungstür soll einer von euch Wache stehen. Die weiblichen Vertreter unserer Zunft hat el Brownie schon klargemacht. Äh … nicht klargemacht in dem

Sinne (!), sondern im übertragenen … äh … für den Einsatz motiviert sozusagen. Übrigens, sie sind Feuer und Flamme. Ich weiß zwar nicht, womit er sie geködert hat, denke aber, er hat sein Bestes gegeben …"

„Ja, das können wa uns denken, der olle Chauvi. Meine Alte schmilzt regelmäßig dahin, wenn seine pikante Marke im Umkreis von einem Kilometer zu schnuppern ist." Kalle die Kelle (Kelle ist sein Spitzname) sah stocksauer in die Runde.

„Ja, mir geht es ähnlich. Meine Verlobte Miranda ist auch ganz vernarrt in den … Liegt wohl am Kakaosakko." Allgemeines Gelächter. „Dem möchte ich mal so richtig eine reinhauen oder sein braunes Fell rosa färben …"

„Du stehst auf dünnem Eis, Ernest, el Brownie ist Meister im Kung Fu." Shakakan, der mächtige Anführer der Streuner, das Fell schwarz wie die Nacht, die Stimme rauchig, sprach leise und Respekt einflößend. Sofort war es mucksmäuschenstill. „Es geht hier nicht um Brownies zahlreiche Amüsements. Beneidenswert übrigens … Es geht um etwas elementar Wichtiges: Euer Mut und eure Stärke sind gefragt!"

„Also F-f-futter bei die T-t-tauben … Nun k-k-können wir endlich m-ma-mal zeigen, wa-wa-was wir dra-dra-dra-dra-drauf haben, also nu-nu-nu-nur, falls wir mi-mi-mit-ma-machen", stotterte der grau getigerte Kater Kasimir, Haustier der russischen Einwanderfamilie Tchechowsky. Er schielte zu Shakakan hinüber und hoffte auf eindeutigen Zuspruch. Shakakan war kurz davor, die berühmt-berüchtigte Fassung zu verlieren. Er hasste alles Unlogische, ein derartiges Wortgemetzel sowieso.

„Es heißt: Futter bei die Fische", korrigierte del Silver gelangweilt.

„Das ist grammatisch doch auch gequirlte Kacke", bestätigte Oskar Krawallo, einer der Halbstarken,

„Stimmt, aber so lautet der Spruch nun mal. Punkt. Halten wir uns nicht an Nebensächlichkeiten auf." Del Silver spürte einen mittelschweren Migräneanfall herannahen. „Wer dafür ist, hebt die Kriegertatze." Ausnahmslos alle wollten den sinnbildlichen Säbel schwingen.

„Hey Silver, ein Wort unter Anführern: Wenn ihr noch helfende Pfoten braucht, sagt mir Bescheid, ich klappere die Nachbarorte ab und bringe euch den Rest."

Shakakan war der Einzige, dem SS und BB gestattete, die Kurzform zu wählen. Er hatte ihnen einst unter Einsatz seines Lebens haudegentechnisch beigestanden. Ein Pfundskerl, große Statur, stark, gebildet und meisterhaft schlau. Ein gefürchteter Gegner in Katerkreisen. Nicht umsonst hieß es: Wer ihn zum Feind hat, sieht den Maulwürfen beim Pennen zu, früher oder später ... Ein ebensolcher Freigeist wie sie selbst. Seitdem Shakakan die Gegend regelmäßig inspizierte, herrschte Ordnung auf den Straßen. Ihn an der Seite zu wissen, bedeutete Sieg!

Zwei Tage drauf saßen der Silbergraue, der Schokobraune und der Rabenschwarze zwecks Lagerbesprechung beisammen. Es hatte Vorteile, den Anführer der Streuner in die Pläne einzuweihen. Mittlerweile standen mehr Pfoten als nötig zur Verfügung. Shakakan verstand sein Handwerk.

„Ich weiß nicht, ob das hier von Bedeutung ist." El Brwonie hielt einen mickrigen Stofffetzen in die Luft. „Schnuppert mal dran, ein eindringliches Parfüm."

„Wo hast du das gefunden?", wollte del Silver wissen.

„In Quinchys Wohnung, eine der vier Leichen."

Alle drei steckten die Köpfe zusammen.

„Shalimar", rief Shakakan plötzlich in die Runde.

„Wer oder was ist Shalimar?", riefen die beiden anderen verdutzt.

„Das ist ein edler Damenduft, nur Betuchte können sich den leisten. Hat einer von euch diesen Duft noch nie bei einem weiblichen Wesen wahrgenommen?“

„Hm, lass mich überlegen … Nein, also ich jedenfalls nicht. Und ich kenne ’ne ganze Menge Düfte, wenn ich das mal ganz nebenbei erwähnen darf.“

„Angeber! Lass mich noch mal schnuppern. Hm … ich glaube, ich kenne den Duft, ist lange her …“ Del Silver war unsicher. „Eines wird dadurch zur Gewissheit: Unser Mörder ist weiblich.“

Shakakan sah nachdenklich aus. „Leiht mir den Fetzen, ich werde meine Jungs dazu befragen und meine Tochter …“ Er biss sich auf die Zunge. „Äh, ich meine, da gibt es doch Parallelen unter dem Weibervolk, zwei- oder vierbeinig, stimmt’s?“

„Oh ja“, schwärmte el Brownie, zog aber sogleich die edle Katerstirn kraus. „Du hast ’ne Tochter? Kenne ich die?“

„Das konnte ich bisher verhindern!“, sagte der Rabenschwarze in einer Art, die Vorsicht gebot. „Sie ist noch viel zu jung für so was, wenn du verstehst, was ich meine!“ Sein Blick flößte Unbehagen ein.

„Verstanden! Hundertpro!“

Shakakans finsterer Blick fixierte el Brownie, dabei dehnte er gekonnt jeden einzelnen Muskel. Sein schwarzer Fellrücken formte einen Riesenbuckel. „Je eher wir wissen, wer zu dem Kreis der Shalimarträgerinnen gehört, je zügiger geht es voran.“

„Der Satz hätte von mir sein können“, konterte del Silver.

„Also, man sieht sich.“ Und schon rannten die rabenschwarzen Pfoten in die rabenschwarze Nacht hinaus.

„Oh Mann, das war knapp“, sagte el Brownie kleinlaut.

„Das kann man wohl sagen. Leg dich nicht mit Shakakan an, vielmehr lass seine Tochter aus dem Spiel. Du weißt, er ist zu allem fähig, wenn er sauer ist. Freund oder nicht, das spielt dann keine Rolle mehr …“

„Ja, du hast recht. Ich werde mich dran halten.“

„Besser ist das …“

„Ich konzentriere mich nur noch auf den Fall. Waren es nun drei, die das Gift nicht vertragen haben, oder doch vier?“

„Gute Frage! Ich habe in Erfahrung gebracht, dass John Fraser nicht dazugehörte. Er wollte seinem Leben ein Ende setzen. Vermutlich, weil seine Ehefrau mit einem weitaus jüngeren Mann durchgebrannt ist.“

„Gleiches Recht für alle, sage ich immer. Und was genau hat ihn in die ewigen Jagdgründe befördert?“

„'ne Überdosis …“

„Überdosis? Wovon? Mensch Silver, lass dir doch nicht alles aus dem Fell kitzeln.“

„Allerfeinstes Pulver … Stoff, den die Lumes-Brüder verticken …“

„Wow, ich vermute, er ist bestens gelaunt über die Klinge gehüpft. Nach all dem Kummer ein super Abgang.“ Dann setzte er leise nach: „Tja, wer liebt, kann jederzeit verlieren …“

„Ey Brownie, so sentimental?“

„Ja, sieht ganz so aus. Ich vermeide tunlichst, mich zu verlieben. Herzen verschenkt man nicht, sie werden zum Überleben gebraucht.“

„Nun zieh mal nicht den Poeten aus dem Schnurrbart. Konzentrieren wir uns lieber auf den Fall. Es gibt also definitiv drei Giftmorde. Wenn ich nur wüsste, woher ich diesen Duft kenne … Ich komme noch drauf …“

Einige Stunden später in Silvers Garage.

„Was hat deine Recherche ergeben, Shakakan?“

„Vier Damen, die garantiert Shalimar benutzen, habe ich bisher ausfindig gemacht.“

„Kannst du Namen oder Details nennen?“ Del Silver bebte vor Neugier.

„Sicher doch. Rosalie Redgrave, eine Arztfrau, Carla McCure,

Boutiquebesitzerin, Magda Kaminsky, Leiterin eines Pflegedienstes im Nachbarort, und Mandy O'Connor, Hausfrau."

„Mrs. Redgrave ist mit dem einstigen Landarzt Redgrave verheiratet, sie bewohnen das schicke Haus am Ortseingang, ich kenne deren Mitbewohner, Little Willi, ein mittlerweile einjähriger erfrischend kecker Mischlingskater", erwähnte el Brownie.

„Ach ja, ein niedlicher Fratz, aus dem wird mal ein ganz Großer, da bin ich sicher. Wer ist Mrs. McCure?"

„Sie ist erst kürzlich zugezogen, eher fremd im Ort. Alleinstehend und noch recht jung", gab Shakakan Auskunft.

„Und Mrs. Kaminsky? Wie steht's mit ihr?"

„Die Kaminsky ist geschieden und wohnt in Lagendale, zwei Orte weiter. Der ihr unterstellte fahrbare Pflegedienst für betagte Senioren versorgt die Orte im Umkreis."

„Also auch unser gemütliches Corlingten. Respekt!" Shakakans Recherche zeichnete Profiqualität aus. Verschmitzt lächelnd meinte del Silver „Die O'Connor hieß in jungen Jahren Sugar-Mandy. Ein Körper, der eigens der Venus zusteht. Hübsches Frauenzimmer und stattbekannt, ich meine, so als Unterwäsche-Model. Hat sie nicht den jüngsten Sohn der Wein-Dynastie O'Connor geheiratet?

„Ja genau. Die ballert das Geld nur so raus, kann sich jeden nur denkbaren Wunsch erfüllen", kommentierte el Brownie in seiner flapsigen Art. „Das ehemals freche Früchtchen dürfte mittlerweile stramm auf die fünfzig zugehen ..."

„Ist das Alter der Frauen wichtig?", fragte Shakakan skeptisch.

„Ich denke schon. Alle Opfer waren in den Fünfzigern und Sechzigern. Mann Shakakan, du hast einen super Job gemacht, Hut ab", sagte del Silver anerkennend.

„Ja wirklich, klasse Arbeit", bestätigte el Brownie zähneknirschend.

„Danke Jungs, aber wie ihr wisst, mache ich keine halben

Sachen.“ Shakakans Blick hatte etwas Unheimliches. (Furcht einflößender als der düstere Blick ist seine gelangweilte Stimmlage, sie verursacht Gänsehaut. Bei geschlossenen Augen entsteht der Eindruck, Al Capone höchstpersönlich stände in front of …)

„Ich gebe zu, so langsam bereitet mir Blacky Kopfzerbrechen …“

„Ach ja? Warum nur?“

„Mann Silver, ich kenne seine Tochter nicht einmal! Wahrscheinlich ist sie auch so ein schwarzer Teufel, das pure Abbild ihres Vaters.“

„Du irrst dich, Samantha hat kein schwarzes Fell.“

„Wie? Was? Du kennst sie? Samantha … schöner Name. Wie sieht sie aus, ist sie hübsch?“

„Mist, hätte ich bloß mein Maul gehalten. Von mir erfährst du nichts!“

„Manno! Spielverderber!“

„Hey, das ist *kein* Spiel, Partner!“

„Ja, ja, ist ja gut … Hab’s kapiert.“

Del Silver hielt flehend die Pfoten gen Himmel.

Später am Abend saßen die beiden Krimihelden beisammen und sprachen über den Fall.

„Was versprichst du dir eigentlich von dem Parfümlappen? Meinst du, der überführt die Täterin?“

„Ich habe so ein Gefühl, als sei der Fetzen noch von Bedeutung.“ Del Silver wirkte angespannt.

„Wie lange soll das Wachpersonal eigentlich die Stellung halten? Seit mehr als vier Wochen passiert nicht das Geringste in diesem Kaff.“

„Hm … tja … Ich bin mir ziemlich sicher, dass sich der Einsatz lohnt.“

„Wie läuft’s eigentlich zwischen den beiden Teams? Werden

bereits Wetten abgeschlossen, wer den Täter zu fassen kriegt? Kater oder Katze?“

„Ach Brownie, du machst dir aus allem einen Spaß. Dein Gemüt möchte ich haben.“

„Wieso, locker bleiben ist von Vorteil. Mein Leitspruch lautet: Wirft dich das Leben um, sei umwerfend!“

„Tja, das bist du allemal, umwerfender geht’s wohl kaum, schenkt man den Damen Gehör. Die sind ja völlig kirre, wenn es um dich geht. Was stellst du nur mit ihnen an? Casanova war ein Stümper dagegen. Du gehst in die Geschichte ein, Brownie!“

„Ja ... ich arbeite daran“, el Brownie strahlte.

Der Schokobraune war mittlerweile weniger an dem Fall interessiert, als an der schönen Unbekannten. Wer ist sie? Wie sieht sie aus? Ist sie schüchtern oder eher kokett? Fragen, die seine Gedanken weit mehr beschäftigten, als ihm lieb war.

Del Silver brachte den Herzensbrecher in die Gegenwart zurück. „Mein Augenmerk richtet sich auf drei Damen unserer Fahndungsliste: Mrs. Redgrave, Mrs. Kaminsky und Mrs. O’Connor. Mrs. McCure ist vorerst aus dem Rennen, sie ist erst kürzlich zugezogen und unter dreißig ...“

„Was könnte das Motiv unserer Täterin sein? Eifersucht? Missgunst? Rache?“

„Rache ist ein gutes Motiv. Wenn ich auch noch nicht weiß, wie alles zusammenhängt und ob Gründe dafür vorliegen. Wir müssen herausfinden, inwieweit die Damen Kontakt zu den Opfern hatten.“ Del Silver versank in abtrünnige Gedanken ...

„Es wäre wünschenswert, wenn unsere Kriegerpfoten Augen und Ohren offen halten. Jede Kleinigkeit ist von Interesse.“

„Du sagst es! Wir sollten die Jungs und Mädels noch einmal dahin gehend sensibilisieren.“

„Ich übernehme das“, und schon wollte el Brownie losspurten.

„Dieses Mal machen wir es umgekehrt. Du kümmerst dich um die Jungs und ich um die Mädels. Abgemacht?“

„Da bleibt mir wohl keine Wahl ... El Brownie wirkte entmutigt.

„Du bist schnell im Denken, das mag ich an dir.“ Del Silver hatte Mühe, seine Schadenfreude zu verbergen. „Ach übrigens, ich werde versuchen, Polizeiakten an mich zu bringen, zumindest darin blättern. Die Kripotypen haben einige der Damen sicher auch schon zu den Fällen befragt.“

„Spitzen Einfall, und ganz ohne Yoga! Geht doch!“ El Brownie klopfte seinem Partner väterlich auf die Schulter. Der Punkt ging an ihn.

Einige Tage später, del Silver meditierte gerade im Stand, als sein Partner zur Tür hereinstürzte, das Fell zerzaust und klatschnass. „Ich habe brandheiße Neuigkeiten“, stammelte er.

„Was gibt’s, erzähl.“ Del Silver nahm eine bequemere Haltung ein.

Den elenden Regen aus dem Fell schleudernd, begann el Brownie zu erzählen.

Del Silver reagierte ungehalten. „Mann, kannst du nicht woanders einen See entstehen lassen? Leg los ...“

„Also: Die Redgrave und die O’Connor kannten die Opfer.“

„Echt? In welcher Beziehung standen sie zueinander?“

„Jetzt kommt’s: Mackentosch war Redgraves Jugendfreund und die O’Connor hatte einst eine kurze Affäre mit Quinchy und mit diversen anderen Herren der Gegend. Ein ehemals heißer Feger, die O’Connor.“ El Brownie geriet ins Schwärmen, er hatte etwas übrig für Vollblutweiber, auch für zweibeinige ...

„Die eine mit dem, die andere mit dem ... Mir wäre lieber, eine hätte was mit allen Opfern gehabt“, sagte del Silver treffend.

„Könnte doch sein, nur wissen wir es bisher nicht.“

„Stimmt auch wieder. Was ist mit Mrs. Kaminsky? Hat die nicht ein bisschen Dreck am Stecken?“

„Hm … nichts weiter bekannt. Interessant wäre ihr Mädchenname …"

„Ja, Brownie, du bist wieder im Geschäft. Guter Hinweis! Klärst du das ab?"

„Und du? Ruhst du dich auf deinen Lorbeeren aus oder was?"

„Hey, nix da mit Ausruhen, auf Lorbeeren schon mal gar nicht, eher auf Minze, am liebsten einen ganzen Berg voll, meine einzige Droge, wenn du es genau wissen willst."

„Verschone mich mit Einzelheiten. Ich habe es förmlich vor Augen: Abgedrehte Träume im Vierermodus, der knapp 'ne Woche dauert (!), Yoga für lebensmüde Vierbeiner … Ne, kein Bedarf …"

„Lehn dich nicht zu weit aus dem Bau", del Silver lachte lauthals, er konnte umgehen mit Späßen, die auf seine Kosten gingen. Er nahm es seinem Kumpel nicht übel. Im Gegenteil. Fit im Kopf war Brownie mehr wert, als mit Allüren behaftet.

Etliche Wochen vergingen, nichts passierte. Dann endlich, eines Abends, spitzte sich die Lage zu. Das Wachpersonal wurde seinerzeit vor Antritt des Jobs in die Geschehnisse eingeweiht. Besondere Hinweise einer weiteren Tat: alleinstehender Herr, ein fein gedeckter Tisch, zwei Teller, zwei Weingläser, Rosé im Kühlschrank … All das beobachtete eine schneeweiße Katze, die seit Ewigkeiten auf der Lauer lag. Die Sinne aufs Äußerste geschärft, die Krallen gewetzt.

Ein Auto fuhr vor. Schritte näherten sich der Terrasse. Eine große, schlanke Frauengestalt auf megaschicken High Heels kam um die Ecke gestöckelt, eine dezente Duftwolke hinter sich herwehend.

„Hey Jonas, da bin ich."

„Cherie, endlich … Ich freue mich."

„Schade, er spricht sie nicht mit Namen an", dachte die Schneeweiße.

„Ja, ich mich auch“, sie lächelte gequält.

„Nimm Platz, ich hole uns etwas zu trinken. Ich habe ihn kaltgestellt, so wie früher, Château de Quie, deinen Lieblingswein.“

„Perfekt. Aber lass nur, ich muss ohnehin mal eben kurz in dein Bad. Auf dem Rückweg schenke ich uns gleich ein Glas ein.“

„Geh du nur, ich mache das schon ...“

„Wie du meinst.“

„Ein attraktives Geschöpf“, entschied die Schneeweiße.

Die geheimnisvolle Frau kam zurück. Das zuvor hochgesteckte honigblonde Haar fiel nun seidig glänzend wie ein tosender Wasserfall über ihre Schultern. Hungrig schien sie nicht zu sein. Keinen einzigen Blick schenkte sie dem appetitlich angerichteten Essen (gedünsteter Schwertfisch, Rosmarinkartoffeln und Maronenpastete).

Der Schneeweißen lief die Spucke den Schlund herunter.

„Ach Jonas, lass uns anstoßen. Halt! Stopp! Bevor wir das tun, solltest du besser nach dem Rechten schauen. Es riecht irgendwie angebrannt. Willst du nicht mal nachsehen?“, hauchte sie.

„Oh ja, warte, ich bin gleich wieder bei dir.“ Hastig stand er auf und marschierte in Richtung Küche.

Nur der Bruchteil einer Sekunde reichte aus, um ein Pülverchen in das Glas des Hausherrn zu schütten. Dem Wein war nicht anzumerken, welche Verunglimpfung er just erfahren hatte, weder in der Farbe noch im Geschmack.

„Cherie, lass uns auf längst vergangene Zeiten anprosten und auf einen Neuanfang.“

„Ein Neuanfang, wie süß“, ihr Lächeln klang kalt.

Gerade wollte Jonas Melling das Glas zu seinen Lippen führen, als aus dem Hinterhalt das weiße Kätzchen zielsicher auf den Schoß des Gastes sprang und schlanken Oberschenkeln Krallen schwingend Schmerzen zufügte. Ein lautes Getöse, ein Knall, die Gläser fielen zu Boden, die Frau kreischte hysterisch.

„Hau ab, du Biest“, schrie die Lady, die keine war.

Das Kätzchen mutierte zur Raubkatze und fauchte stimmgewaltig. Bevor sie zur Flucht ansetzte, ritzte sie der Furie ein Muster in die linke Wange, die wie am Spieß schrie …

„Oje, Cherie, was ist mit dir?“ Der Hausherr wollte die Wunde in Augenschein nehmen.

„Ach, lass das!“, zischte die Frau. Blut rann die Wange entlang, tropfte auf das maßgeschneiderte Designerkleid. „Der Abend ist gelaufen, ich fahre nach Hause!“

„Nein, bitte bleib! Du kannst den Fleck auswaschen und dich auf mein Bett legen. Da wollten wir zu späterer Stunde sowieso hin …“ Mr. Melling schnalzte mit den schmalen, verbrauchten Lippen.

„Du glaubst doch wohl nicht allen Ernstes, dass ich nach dieser Aktion Lust auf Sexspielchen habe?!“

„Aber Hase, ich dachte, du sehnst dich nach mir?“

„Ja, schon, aber jetzt gerade nicht. Lass mich fahren. Wir telefonieren.“

„Okay, ruf mich sofort an, wenn du zu Hause bist. Willst du nicht doch bleiben?“

„Jonaaaas, du weißt genau, dass ich meine Meinung nicht ändern werde! Lass mich gehen!“ Sie befreite sich unsanft aus der lästigen Umarmung.

„Ciao Jonas“, ein kurzer Schulterklopfer, dann trippelte die Malträtierte zurück zu ihrem Auto, stieg ein und peste davon.

Die Schneeweiße lief hinterher, ihre wachen Augen fixierten das Nummernschild. Zu gerne hätte sie das Ding auf vier Rädern verfolgen wollen, aber das war aussichtslos. Selbst Geparde, die sie heimlich verehrte, die schnellsten Läufer der Tiere, wären chancenlos geblieben, das PS-starke Gefährt einzuholen. Die Katze, außer Atem, überlegte angespannt. Sie musste zurück zum Tatort, Spuren sichern. Zunächst versteckte sie sich hinter einem Busch und beobachtete Mr. Melling, der erneut auf seinem Platz saß und damit beschäftigt war, Löcher in die Luft zu starren. Womit konnte sie ihn nur weglocken? Unbemerkt schlich sie in die Küche und veranstalte einen Mordskrach. Verstört kam der Hausherr angerannt. Töpfe und Kellen lagen auf den blanken Marmorfliesen. Die Schneeweiße nutzte die Gelegenheit und lief zurück zum Tatort. Dort tauchte sie ein Stück Stoff in den mittlerweile nach allen Seiten rinnenden Wein. Als sie sich umsah, erkannte sie einige der tierischen Wächter. „Können wir helfen?“ Die schlauen Pfoten wussten, dass die clevere Weiße die Täterin stellen wollte. „Trommelt die anderen zusammen, wir müssen die Polizei dazu bringen, hier aufzulaufen. Ich mache mich auf den Weg zu den Meisterdetektiven.“ Wie der Wind rannte die mutige Katze davon. Nun kam es auf jede Sekunde an. Die Zeit war ein nicht außer Acht zu lassender Gegner. Maximal zwölf Stunden, pochte es zwischen ihren Schläfen …

Del Silver unternahm gerade ein paar Dehnübungen und freute sich darauf, eine neue Yogaübung auszuprobieren. Der Vierermodus war gestern, nun sollte der Zweier im Stand Furore machen. Plötzlich trommelte jemand wie von Sinnen an die Garagentür.

„Wer immer es ist, er möge eintreten, die Tür ist offen.“

Da stand sie vor ihm, außer Atem und überaus aufgebracht. Ein weißes Kätzchen mit einem Stück Stoff im Mäulchen.

„Hey, sei gegrüßt. Setz dich und ruhe dich erst einmal aus. Was ist passiert?“

In Etappen schilderte die Schneeweiße das vorangegangene Geschehen und übergab del Silver das Mitbringsel.

„Meinen Respekt! Das hast du prima gemacht! Weißt du noch, welche Zahlen und Buchstaben auf dem Nummernschild standen?“

„Hm … die Zahlen 4 und 7 wie auch der Buchstabe C sind hängen geblieben. Könnte ich bitte etwas zu trinken bekommen? Ich sterbe vor Durst.“

„Aber natürlich! Entschuldige! Meine Manieren lassen wirklich zu wünschen übrig“, erwiderte del Silver kopfschüttelnd.

Während die weiße Katze zügig zwei Schalen Wasser leer trank und sich mehr und mehr an das Spektakel erinnerte, notierte del Silver alles Brauchbare.

„Und du bist sicher, dass die Frau nach Shalimar duftete?“

„Ja, unverkennbar. Der Duft ist noch tagelang zu riechen, zumindest für uns Katzen.“

„Ein Name ist nicht zufällig gefallen?“

„Nein, das wäre doch das Erste gewesen, was ich erwähnt hätte“, konterte sie scharf.

„Okay, okay! Du sagst, einige des Wachpersonals belagern die Polizeidienststelle?“

„Ja, ich habe sie darum gebeten.“

„Bestens! Sicher um die Beamten zu Mr. Melling zu locken ... Verstehe, super Idee. Ich bin entzückt. Hast du dir vielleicht auch die Weinmarke gemerkt?“

„Äh ... Château de Quie, glaube ich ...“

„Ein Rosé, na klar ...“

Die Tür sprang auf und el Brownie stand mitten im Raum. „Hallöchen, die Herrschaften.“ Erstaunt sah er zu der Schneeweißen hinüber. „Magst du mich nicht vorstellen?“, fragte er charmant.

„Hey Brownie. Du ahnst es nicht. Dieses zarte Geschöpf hat die Täterin in flagranti erwischt!“

„Wow! Und, hast du sie gleich dingfest gemacht, edle Tatze?“

Bevor die Schneeweiße passende Worte fand, blickten ihre bildschönen, sanften Katzenaugen wie gebannt in das feurigste Augenpaar, das sie je gesehen hatte.

Kurzerhand übernahm del Silver das Wort. „Nein, das nicht,

aber dieses mutige Wesen hat super Arbeit geleistet. Wir haben einen in Gift getauchten Stofffetzen, ein beinah vollständiges Nummernschild und einige von Shakakans Jungs sind auf dem Weg zur Polizei. Ach, nicht zu vergessen: Shalimar hat die Luft vernebelt."

„Wow, was für eine Tat! Apropos Tat. Gibt es Tote?"

„Ach Brownie ..."

Nun meldete sich die Schneeweiße zu Wort. „Entschuldigung, wenn ich unterbreche. Da ich diejenige bin, die es todesmutig mit der Täterin aufgenommen hat, sollte ich auch antworten dürfen." Stolz saß sie da und ebenso stolz war der Blick, den sie el Brownie zuwarf.

„Die Stimme kenne ich doch ...", antwortete der Schokobraune. „Bist du nicht das kluge Kätzchen, das uns allen klargemacht hat, dass wir keinerlei Waffen benötigen? Alles, was wir brauchen, hat uns die Natur eigens mitgegeben ..."

„Ja genau, die bin ich! Aber nenn mich nicht Kätzchen. Ich bin eine ausgewachsene Katze und bitte als solche wahrgenommen zu werden!"

„Sicher doch. Aber ja ... Verzeih, ich wollte dich nicht beleidigen..."

Mitten in dieses Wortgeplänkel platzte Shakakan. Er wirkte noch Furcht einflößender als sonst. „Samantha, hier steckst du!", rief er außer sich vor Sorge. Schützend legte er seine rabenschwarze Pfote um seine alles geliebte Tochter.

El Brownie wurde schwindelig, er plumpste auf sein schokoladenbraunes Hinterteil und starrte fassungslos in die Runde. „*Das* ist deine Tochter??", fragte er nach Luft schnappend.

„Ja genau, meine Tochter! Eines der mutigsten Geschöpfe auf diesem Erdboden und eines der hübschesten", betonte er.

„Aber sie ist schneeweiß, ihr Fell glänzt wie Seide ... Ähnlichkeiten ausgeschlossen ..."

„Ach Brownie", tönte es mega gelangweilt. „Es soll Kinder geben, die schlagen äußerlich nach der Mutter. Aber genug Informationen, was meine Tochter betrifft. Ich glaube, wir haben andere Dinge zu klären. Die Zeit läuft uns davon, wir müssen handeln", sagte der Rabenschwarze beschwörend.

„So ist es, konzentriert euch ausschließlich auf den Fall." Del Silver warf seinem Partner einen strafenden Blick zu.

Sofort ging dieser zur Tagesordnung über und verdrängte, was ihm kurzweilig den Atem nahm. „Ich denke, ich statte den Damen Redgrave und O'Connor einen Besuch ab. Mal sehen, welches Nummernschild mit unserem Ähnlichkeit hat."

„Ja, das wollte ich auch gerade vorschlagen", sagte del Silver pikiert.

„Äh ... bis später." An der Tür sah er zu Samantha hinüber, ein kurzer, aber intensiver Blick, beinah so tief wie der Meeresgrund ...

„Gottlob, der ist außer Reichweite", dachte del Silver erleichtert. „Okay, und wie wollen wir weiter vorgehen?" Er wandte sich an Shakakan.

„Ich werde mich vergewissern, ob die Polizei mittlerweile Mr. Mellings Terrasse belagert. Samantha, mein Engel, bitte begleite deinen Vater, ein schlaues Kind wie du ist äußerst hilfreich. Du entschuldigst uns?"

„Ja klar, gute Idee. Bis später, ihr zwei."

„Nein, del Silver!" Shakakans Blick wirkte finster. „Du und dein Partner sehen Samantha so schnell nicht wieder. Versprochen!"

Samantha protestierte. „Vater! Ich entscheide selbst, was ich tue oder lasse!"

„Ach, die lieben Kinder! Sie steckt gerade in der Pubertät, ein schwieriges Alter ..."

„Das stimmt doch gar nicht! Diesen Abschnitt habe ich längst hinter mir gelassen. Ich bin erwachsen, Daddy."

„Ja klar, und ich habe wuscheliges Fell und belle ..." Seine Tochter fest im Visier, verabschiedete er sich auf die ihm eigene Weise.

„Macht's gut! Bis später, Shakki", rief del Silver hinterher. Auch er erlaubte sich, den Rabenschwarzen hin und wieder beim Spitznamen zu nennen. Okay, nicht gerade der passende Moment, aber was soll's. Er wusste, was er tat. Angst zeigen war jedenfalls das falsche Signal. In dem ganzen Tumult vergaß er sogar seine Yogafibel samt Übungsvorschlägen. Nun war das weitere Vorgehen zu überlegen, um den Fall voranzutreiben.

Die Nachbarn der umliegenden Orte waren redselig. Einige der ortsansässigen Katzen kannten del Silver und waren erfreut, das Superhirn einmal wiederzusehen. Gerne wollten sie Auskunft geben. „Hab dank. Wie ist doch gleich dein Name? Mona? Ja, sehr nett von dir."

„Ach, sag Balou einen zärtlichen Gruß, letzten September, das Lampenfest, dann weiß er schon ...", sie kicherte frivol.

„Ne, is' klar, mach ich. Ciao Mona."

„Meine Güte, wo der überall hinlangt", dachte del Silver beinah neidisch. Mona war eine blendende Erscheinung. Ein graziöses, schwarzes Kätzchen mit weißem Punkt auf der Stirn und türkisblauen Augen, die einem den Atem raubten. „Mensch Brownie, dein Charme ist rekordverdächtig!"

Das Wachpersonal bestand aus pfiffigen Pfoten, die sich klugerweise aufteilten. Eine Hälfte belagerte Mr. Mellings Terrasse, die andere gab ein Privatkonzert bei der hiesigen Polizeidienststelle. Irgendwie schafften sie es, die Gesetzeshüter anzulocken. Mr. Melling verstand die Welt nicht mehr, als er hörte, dass vermutlich er ein weiteres Opfer hätte sein sollen. Er wollte den Namen seines Gastes partout nicht rausrücken. Das erschwerte die Lage.

Del Silver hatte mittlerweile eindeutige Indizien gesammelt, die er aber vorerst zurückhielt. Zunächst überließ er Shakakan und el Brownie das Wort. Der Rabenschwarze berichtete von der spektakulären Polizeiaktion. El Brownie fand heraus, dass Mrs. O'Connor einen Porsche fuhr und der Buchstabe C wie auch die Zahlen 4 und 1 auf dem Nummernschild vorkamen. Er kombinierte folgerichtig: Die Zahl 7 und die Zahl 1 haben unweigerlich Ähnlichkeit. Es hätte durchaus die eine wie die andere Zahl sein können. Ein weiteres Indiz: Mrs. O'Connors Mann vertickt Qualitätsweine, natürlich auch Château de Quie.

„Das sind Beweise, die nicht von der Pfote zu weisen sind", sagte del Silver anerkennend. „Aber auch ich war nicht untätig, ich habe einschlägiges Beweismaterial zusammengestellt, allerdings in eine ganz andere Richtung. Verblüffend ist, dass das Nummernschild eines gewissen Mercedes Cabriolets die Zahl 4 wie auch die Zahl 7 beinhaltet, übrigens die Geburtsdaten der Besitzerin. Tauschen wir das C mit einem G, passt auch das ins Bild. Das G steht für den zweiten Vornamen Geraldine. Aus der Entfernung heraus können Zahlen wie Buchstaben schon mal verwechselt werden. Wesentlich ausschlaggebender aber ist der tatsächliche Name der Fahrerin. Und jetzt haltet euch fest ..." Del Silver sah siegessicher in die Runde. Er hatte stets unbändige Freude daran, die Spannung bis zum Siedepunkt hochkochen zu lassen. Shakakans Blick signalisierte zweifelsohne Anerkennung. El Brownie faszinierte zum x-ten Mal die Vorgehensweise seines alles geschätzten Partners. Del Silver genoss die lange Pause und setzte seinen Beweismonolog genüsslich fort. „Der Name Rendale ist entscheidend." Wieder hielt er einen Moment lang inne, bevor er triumphierend den alles entscheidenden Satz sagte: „Mrs. Kaminskys Mädchenname! Eine Rendale arbeitete als Apothekengehilfin in der Apotheke Sherwood, deren Besitzer die Kleine trotz fehlender Fachschulreife, die sie später nachholte, und in Anbetracht gewisser Gefälligkeiten einstellte. Die junge Rendale arbeitete aber nicht nur in einer Apotheke, sondern als ganz junges Ding in einem Bordell! Ja, genau, und zwar in einem Bordell in Farrington, der nächstgrößeren Stadt. Nun ratet mal, wer da so ein und aus ging. Richtig, einige weilen nicht mehr unter uns …" Den einzigen Kommentar während der ausführlichen Berichterstattung äußerte el Brownie, ein monotones „Ich fasse es nicht!". Shakakan blieb still, er zollte del Silver nunmehr größten Respekt. „Eigentlich, so del Silver, müsste man Mitleid haben, zumindest mit der jungen Rendale, denn die hatte den denkbar schlechtesten Start ins Leben. Im Alter von dreizehn Jahren lief sie davon. Ein Martyrium hinter sich lassend, der Stiefvater verging sich jahrelang an ihr, suchte sie Halt in der Großstadt. Wie aber geht es einem Kind ohne Geld und Fürsorge auf der Straße? Schlecht, würde ich sagen. Tausende Beispiele, die wir vor Augen haben. Nun gut. Es kam, wie es kommen musste. Windige Typen trimmten das bildhübsche Mädchen zur Edelnutte, pure Gewalt inbegriffen. Es wird aber noch verrückter. Der anscheinend liebenswerte Mr. Mackentosch, das erste Opfer, der Gemüsehändler Mr. Bongart, das zweite Opfer, der studierte Mr. Quinchy, so gesehen Nr. 3, nachdem Mr. Fraser selbst Hand anlegte, wie auch der trottelige Mr. Melling, das Fastopfer, waren seinerzeit so was wie Freunde. Ein Klub Männer, die perverse Spiele spielten und Prostituierte kauften, um an ihnen das auszuprobieren, was sie hinter verschlossenen Türen maßlos erregte. Die junge Rendale war eines Nachts blutüberströmt am Coddon Highway aufgefunden worden; die ihr zugefügten Wunden trieften am ganzen Körper. Im hiesigen Krankenhaus wurde sie regelrecht zusammengeflickt! Die Namen der Täter gab sie nie preis. Wie zu vermuten gewesen war, war Rache der Antrieb. So weit, so gut. Der Stoff, der die alles umflügelnde Ewigkeit heraufbeschwört, das verheerende Gift, war leicht zu beschaffen für die einstige Apothekengehilfin. Der Rest ist bekannt. Ach, einen kleinen Nachtrag habe ich noch: Ich habe die gesamte Beweislage mehrfach kopiert – eine lästige Angewohnheit von mir, man weiß ja nie. Einen der Umschläge habe ich auf Don Salvatores Schreibtisch deponiert mit den Worten: ‚Schöne Grüße aus Sizilien, ein heimlicher Fan!' Vermutlich leidet er fortan an Schlaflosigkeit, der Arme ... Zudem dachte ich, wir, die eigentlichen Profis samt Wachpersonal, sollten Mrs. Kaminsky aufsuchen und sie gegebenenfalls am Fliehen hindern. Ich stelle mir das folgendermaßen vor: Ich absolviere einen meiner Paradesprünge, meine Vordertatzen erreichen den Klingelknopf. Sie öffnet die Tür, sieht niemanden, und während sie die Tür schließen will, stürmen wir die Wohnung. Don Salvatore, an sich ein kluger Kopf, wird die Beweislage zu deuten wissen und schnellstmöglich bei der Kaminsky auf der Matte stehen. Okay, Verwunderung seinerseits, weil ein Heer von Katzen Unterschlupf bei ihr sucht. Aber das soll nicht unsere Sorge sein. Im Eifer des Gefechtes nutzen wir den Fluchtweg und hechten wie der Blitz durch die geöffnete Tür, um in alle Richtungen zu verschwinden."

„Perfekter Plan! Machen wir uns auf den Weg", antworteten el Brownie und Shakakan fast zeitgleich, sinnbildlich den Hut ziehend.

El Brownie hätte übrigens alles dafür gegeben, gerade diesen heiklen Fall aufzuklären. Desillusioniert gestand er sich ein: Er war lediglich Watson, nicht Sherlock ...

Selbstverständlich standen die beiden Superspürnasen gedanklich Spalier, als die Kaminsky in Handschellen gesichert in ein Polizeiauto einstieg. Sie beobachteten das preisgekrönte Finale versteckt hinter blutroten Buschrosen. „Samantha hat der Dame, vermutlich dauerhaft, ein individuelles Zeichen verpasst. Ich finde das Kreuz auf der Wange äußerst kleidsam", sagte del Silver schmunzelnd.

„Was für eine Katze!", erwiderte el Brownie voller Bewunderung.

Die nächsten Tage litt el Brownie an purer Antriebslosigkeit. Er wollte nachdenken. Shakakans drohender Hinweis, seine Tochter nunmehr unter Verschluss zu halten, traf ihn hart. Sie ging ihm nicht aus dem Kopf. Eine solche Situation war neu. Sollte er sich etwa verliebt haben? Nein, auf keinen Fall. Es war nur … nun ja … also … und überhaupt … „JA, verdammt“, gestand er sich ein, „Balou el Brownie hat’s erwischt, volle Tatze! Auch das noch!“ Er saß auf seinem Lieblingsplatz inmitten der üppigen Baumkrone und dachte an die erste Begegnung mit der Angebeteten. Damals konnte er sie nicht genau erkennen. Weißes Fell blitzte auf zwischen all den anderen Fellen. Er hörte nur diese Stimme … Eine selbstbewusste Stimme und doch zärtlich klingend, glockengleich, süß wie Honig. „Ach Samantha!“ Einen abgelutschten Grashalm zwischen den Zahnreihen hin und her schiebend philosophierte er bis in die Nacht hinein …

„Hallo Balou, störe ich?“, rief eine engelsgleiche Stimme.

„Wie herrlich, ich darf ihre Stimme so nah bei mir hören, als stünde sie direkt neben mir“, dachte el Brownie und döste weiter.

„Hallo! Du da oben, ich bin es, die schlaue weiße Katze, nicht das dumme Kätzchen. Hallo …“

„Hallo?“ El Brownie riss die Augen auf und schaute zu Boden. „Träume oder wache ich?“, fragte er schlaftrunken.

„Du schläfst“, tönte die Stimme.

„Samantha? Bist du das?“

„Ja, so heiße ich. Willst du da oben bleiben und auf mich herabsehen, oder begegnen wir uns auf Augenhöhe?“, fragte sie keck.

„Nur auf Augenhöhe, alles andere wäre unverschämt.“ El Brownie war mit einem Mal hellwach. Heldenhaft sprang er auf den Boden, ihr zu Füßen.

„Sagte ich nicht *auf Augenhöhe?*“

„Ja klar!“ El Brownie richtete sich auf und stand ihr vis-à-vis.

Sein magischer Blick traf sie mitten ins Herz. Hatte sie jemals schönere Augen gesehen? Funken sprühende Glut am wärmenden Lagerfeuer ... Was tat sie hier? Was hatte sie zu suchen bei dem größten Schürzenjäger aller Zeiten? Nicht sie, sondern ihr Herz hatte die Pfoten gelenkt. Nicht sie, sondern das Schicksal hatte entschieden ...

„Oh Samantha ... Ich schwebe ... Es fühlt sich an wie ... wie ... Es gibt nichts Vergleichbares. Das Gefühl ist einzigartig, es lässt sich nicht beschreiben. *DU* lässt dich nicht beschreiben! Du herrliches Wesen! Wollen wir tanzen? Ich möchte mich im Kreis mit dir drehen, immer und immer wieder ..."

„Ach Balou, du träumst ja ..." Samantha lachte.

„Dein Lachen ist bezaubernd. Bitte höre nicht auf zu lachen, niemals wieder ..."

„Tanzen, Lachen – fällt dir sonst noch etwas ein?"

„Oh ja, 'ne ganze Menge ... Womit wollen wir beginnen?" Seine Frage klang verführerisch.

„Sag du es mir ..."

Nun kam er näher, sie fühlte sein Herz pulsieren. Zärtliche Pfoten liebkosten ihr hübsches Köpfchen. Er begann sie zu küssen, zunächst zaghaft, sanft, dann fordernd, wild beinah. Sie verschmolzen ineinander.

„Glaubst du, das ist der Beginn einer wunderbaren Freundschaft?", fragte die Schneeweiße schelmisch und schmiegte sich an ihn.

„Hm ... das glaube ich nicht ..."

Schon wollte sie protestieren.

„Pschhhh ... Das ist der Beginn einer *wundervollen Liebe!*"

Auf einmal flog ein harter Gegenstand über seinen Kopf hinweg ...

„Hallo ... Aufwachen ..."

„Was ist geschehen? Wo bin ich?"

„Gleich auf dem Boden, wenn du nicht aufpasst.“

El Brownie kniff die Augen zusammen. Es dämmerte ihm ... Samantha war nicht bei ihm, es war nur ein Traum, ein sehnsuchtsvoller Traum ...

„Was gibt’s, Partner?“

„Steh endlich auf, es ist helllichter Tag.“

„Ach ne, lass mich schlafen. Du hast mich beim Träumen gestört, das verzeihe ich dir nie.“

„Ich befürchte, zum Träumen bleibt keine Zeit. Ein neuer Fall wartet auf uns.

Also komm herunter und lass dir berichten.“

Die Neugier packte den Schokobraunen. Kurzerhand sprang er von der Eiche herunter. Nicht ganz so heldenhaft wie in seinem Traum, aber immerhin. Nun war er wieder auf dem Boden der Tatsachen angelangt.

„Erzähl, was ist passiert?“

„Also ...“

In der Abenddämmerung gingen zwei bildschöne Kater, der eine silbergrau, der andere schokobraun, ihrer Wege. Vertraut waren sie miteinander und siegessicher ...

Die blaue Villa

Brownie, kannst du was erkennen?" Die beiden Hobbydetektive waren zuvor blitzschnell auf einen der mehrstöckigen Hotelbalkone geklettert. Von diesem Stützpunkt aus hatten sie beste Sicht.

„Na also, Silver, gerade ist Meister Friedhelm, die fetteste wenngleich fitteste Brieftaube aus Mövensteins Edelzucht, auf dem gegenüberliegenden Dach gelandet. Verschnaufpause, vermute ich. Die besagte und alles entscheidende Adresse ist die Villa mit den blauen Ziegelsteinen. Ich spurte schon mal los und befreie ‚Big Freddy' bei seiner Ankunft von der brandheißen Nachricht, die bestenfalls eine seiner berühmten Krallen ziert."

„Dieses Dokument in stählender Tatze ist der Schlüssel zu allem. Glückauf Partner, greif dir das pralle Flugwunder und leite das Schriftstück subito an mich weiter zur besinnungslosen Enttarnung des mutmaßlichen Täters. Mauz."

Die nahe am feinkörnigen Sandstrand gelegene Villa zählte zu den exklusivsten Immobilien weltweit! Einer der angesagtesten Architekten, eigens aus Los Angeles eingeflogen, erhielt den Auftrag, die Luxusvilla in einer malerischen Gegend an der Côte d'Azur entstehen zu lassen. Sein Markenzeichen: blassblaue Schieferdächer und ausgeklügelte Bauformen. The Blue Palais, wie die Villa in Fachkreisen hieß, stach nicht nur wegen des originellen Daches und den prunkvoll gestalteten, silberfarbigen Fensterläden hervor. Auffällig war die mit Glitzerpartikeln gesprenkelte Außenfassade in Elfenbein. Ein traumhaftes Intermezzo, das bloßes Mauerwerk in einen Sternenhimmel verwandelte. Ebenso beeindruckend war die romantische Dachterrasse, die rundherum verlief. Achteckige, türkisblaue Marmorfliesen, in aufwendiger Handarbeit hergestellt, schillerten wie sonnengeflutete Meereswogen. Am Ende des zu einem Halbmond geformten Prachtbaus brillierte ein Swimmingpool gigantischen Ausmaßes. Aus entsprechender Höhe betrachtet glichen Pool und Gebäude einem riesigen „S". Dieser Buchstabe war die Initiale des Besitzers, Baron von Sinclar.

Del Silver und el Brownie gelangten mühelos in den Wohnraum, eine der zwei eleganten Terrassentüren war nur angelehnt. Die Möbel sahen wertvoll aus. Purer Luxus, innen wie außen! Die gesamte untere Etage bestand aus nur einem Raum, der an ein extravagantes Loft im XXL-Format erinnerte. Bodenlange glasklare Fensterscheiben entlang einer erhabenen, im Bogen verlaufenden Wandseite.

Die beiden unterschiedlich großen Sofas, bestes Akazienholz, hatten Bezüge aus eingefärbtem, cremeweißem Büffelleder, dessen feinherber Geruch sogleich in die Nasenflügel kroch.

„Hm ... lecker, Leder zum Anknabbern."

„Untersteh dich, Brownie!"

„Ja, ja, ich halte mich zurück, versprochen."

Honigbraunes, blank gewienertes Edelparkett, das einzelne Sonnenstrahlen in Abständen spiegelte. Darauf verteilt standen schwere Metallkübel, die fremd aussehende, gigantisch hohe Pflanzen beherbergten. Grüne Schönheiten, die darauf aus waren, direkt in den Himmel zu wachsen. Ein Anblick wie in einem botanischen Garten. Den auf zwei Etagen unterteilten Raum vereinte eine aus anthrazitfarbigem Eisen geformte ellenlange Wendeltreppe. Rustikale, staubfreie Bücherregale, wohin man sah. Sie waren außergewöhnlich gearbeitet, zwischendrin gab es Einbrüche, die den Anschein erweckten, als schwebten einige Regalteile ohne erkennbaren Halt in der Luft. Eine den höchsten Ansprüchen dienende Bibliothek, die sich bis zu den Dachbalken erstreckte. Ein technisch ausgeklügeltes Metallkunstwerk beförderte das neugierige Leserherz in jeden noch so entfernten Winkel. Die Anzahl der zum Teil kostbaren Bücher war schwer einzuschätzen. Im oberen Bereich hatte der Besitzer ein Arbeitszimmer vorgesehen, großzügig und mondän. Ein wertvoll aussehender, antiker Mahagonischreibtisch verlieh dem Raum Würde. Nach einem anstrengenden Arbeitstag entschädigte ein originelles Möbelstück in champagnerfarbigem Plüsch. Da hatte es jemand verstanden, in höchstmöglicher Eleganz und Bequemlichkeit zu leben.

Andächtig trabten die beiden Spürnasen weiter, die Sinne aufs Äußerste geschärft. Del Silver sah die exquisite Einrichtung zum ersten Mal und bekundete sein Gefallen durch wiederkehrendes, respektvolles Mauzen. El Brownie kannte den betörenden Charme der Villa. Als ungebetener Gast verschaffte er sich erste Eindrücke. Die einladende Dachterrasse hatte es beiden angetan. Getrennt spazierten sie darauf entlang und trafen Bauklötze staunend am Ausgangspunkt wieder aufeinander. Die nächste Station war die offene Küche. Helle Schrankwände glänzten um die Wette. In der Mitte stand eine mit allen Tabus ausgestattete Kochinsel, deren neueste Technik beeindruckte. Heilige Scheiße! Auf der großzügigen, granitschweren Barplatte lag abgestelltes Frühstücksgeschirr. El Brownie starrte ohne Unterlass auf den orangefarbigen Teller und das blitzende Brotmesser darauf.

„Halt! Nicht anschnuppern. Das ist alles Beweismaterial." Del Silver schnüffelte vorsichtig und befand anhand angetrockneter Butterreste, dass der Überfall etwa vier bis fünf Stunden zurücklag.

„Das könnte hinkommen, Silver."

„Kombiniere: Der Täter verschafft sich morgens in aller Frühe Eintritt in die Villa. Er hofft darauf, Big Freddy mitsamt dem gepolsterten Fußring auf der Dachterrasse abzupassen. Plötzlich treibt ihn Hunger an. Auf dem Weg zur Terrasse schmiert er sich 'ne Scheibe Buttertoast. Schuldbewusst schielt er zur Terrassentür. Das dralle Taubentier ist längst nicht in Sicht. Fünf Scheiben

Toast später steht er, dickbäuchig, noch immer wartend auf dem Dach. Dreistigkeitshalber qualmt er eine *John Freeman* nach der anderen und lässt die angerauchten Kippen gedankenlos auf die teuren Marmorfliesen fallen, um anschließend wutentbrannt darauf herumzutrampeln Die sonst so stahlharten Nerven liegen blank! Freddys geräuschvoller Flügelschlag bleibt aus. Dann hört er jemanden vergnügt, aber nichts ahnend vor sich hin pfeifen. Shit! Als er sich unerlaubten Zutritt verschaffte, schien niemand im Haus gewesen zu sein. Das war dann wohl der Moment, in dem er, krass abgelenkt, Freddys Ankunft verpasste."

„So könnte es gewesen sein. Glücklicherweise sah ich vom Garten aus Freddys gigantischen, berüchtigten Sturzflug. Dank einmalig genialer Kletterkünste stand ich im Nu mitten auf den glatten Fliesen und konnte dem Vogel, nach einem unbedeutenden Gerangel, die Beute schwuppdiwupp abnehmen. Den Zettel im Sack, äh im Schokomäulchen, flitzte ich kurzerhand abwärts Richtung Gartenanlage. Der Rest ist Geschichte."

„Du sagst es." Del Silver wirkte nachdenklich. Einen kurzen Moment war er abgelenkt. Aus dem Augenwinkel heraus sah er, wie el Brownie die Butterschale, die auf der frei stehenden Barplatte stand, im Mäulchen wegschaffen wollte. „Brownie? Hallo? Was soll das jetzt? Das Butterdöschen kannst du getrost auf der Theke stehen lassen. Das sind alles Indizien."

„Äh ja ... ich dachte nur so ... Hm ... ich wollte die Schale lediglich in Sicherheit bringen."

„Ne, ist klar. Ach Brownie, ich weiß doch, der Inhalt droht dir megamäßig zu schmecken. Dein Sabber läuft schon die Theke herunter."

„Spielverderber! Ich hätte brüderlich geteilt."

„Ach ja? Wie immer. 80 % für dich und der kümmerliche Rest geht an mich. Nun könnte man meinen, der Schokobraune hat's nicht so mit Zahlen. Weit gefehlt. Gerade ich kenne dich als kühnen Rechner. Tja, katzenschnäuzchenspeichelblöd gelaufen, Partner.“

„Taubenkotkackescheißeblöd, würde ich sagen.“

„Ey Silver, mir ist da was aufgefallen ...“

„Falltechnisch? Erzähl.“

„Nein, etwas, das dich selbst betrifft. Ich habe dich schon ’ne Weile keine Yogaübungen mehr ausführen sehen. Die gehören doch zu deiner Lebensphilosophie. Muss ich mir Sorgen machen?“

„Ne, ich habe lediglich eine Pause eingelegt. Bei einer meiner letzten Übungen *Yoga für Vollprofis* habe ich mir dermaßen die Hinterpfoten verrenkt, dass ich mich erst Stunden später wieder aus der vertrackten Verknebelung habe befreien können.“

El Brownie lächelte vielsagend und ließ keinen Zweifel aufkommen, dass ihn Schadenfreude heimsuchte, dreckige, alles triumphierende Schadenfreude.

„Was für ein listiger Braten, na warte“, dachte del Silver, widmete sich aber sogleich dem aktuellen Fall. „Big Freddy zu überlisten und das Dokument an sich zu bringen, Respekt! Ich finde die Vorstellung, bei aller Ehre, dennoch ziemlich lustig: Der dicke Friedhelm in Brownies Schwitzkasten ... Herrlich! Gottlob ist es dir gelungen, die Herren in Uniform samt Krankentransport zum Tatort zu locken. Mensch, die Kleine ist keine achtzehn, sie hat dir vermutlich ihr Leben zu verdanken. Brownie, du bist ein Held!“

„Welch Kompliment, danke Partner! Sicher hat der Fiesling sie am Fliehen hindern wollen. Da ist es dann passiert: Salto mortale über die Tischplatte. Der musste annehmen, sie sei mordsmäßig hin, als sie so leblos dalag. Das Mädel hatte leider das Pech, anstelle ihres Vaters vor Ort gewesen zu sein. Nun plagt sie eine gehörige Gehirnerschütterung. Tja, Überraschungsbesuche können schräg enden.“

„Und, was hat es Daddy gebracht? Sinclar haben die Cops im hiesigen Seerosenteich gefunden. Da kam nun jede Hilfe zu spät.“

„Ach, das Messer auf dem Apfelsinenteller?“

„Ne, damit hat der Vermeintliche lediglich den Toastvorrat gekillt. Sinclar soll angeblich an einem Herzanfall verendet sein. Wer's glaubt! Mal sehen, ob der blanke Griff brauchbare Fingerabdrücke hergibt.“

„In welcher Verbindung steht nun eigentlich das besagte Schriftstück zu der Tat?“

„Die Jungs der hiesigen Police knobeln noch an dem Inhalt, der übrigens mit einem denkwürdigen, in deutscher Sprache verfassten Reim endet:“

„Der da lautet?“

Im Dachcafé, da gibt's, juchhe, Blaubeersahnestücke mit Baiser. Und wer's nicht schafft, die Sahne zu verschmähen, kann mittendrin was glänzen sehen. „Kombiniere: Nehmen wir die Wörter mal auseinander: Dach, Café, Blau, Beeren ...“ Del Silver stellte seine markante Denkerstirn zur Schau. Mit einem Mal jubelte er: „Klar, die Sinclar-Villa, Dach und blau. Höchstwahrscheinlich ist sie als Versteck gedacht.“

„Könnte sein. Aber was genau soll in Sicherheit gebracht werden?“ El Brownie überlegte: „Glänzen, Glanz ... Schmuck vielleicht. Ey, ich hab's: blaubeerfarbene Zuchtperlen ...“ Er lächelte siegessicher.

„Klingt interessant! Ich habe das Gebäck vor Augen. Baiser und Torten sind immer heimtückisch.“

„Wohl eher für die Hüften ...“

„Ja, das auch. Ich denke dabei vielmehr an die Konsistenz: weiß ... trocken ... krümelig ... Pulver ... weißes Pulver! Feine Ware, feine Gesellschaft – Villa Sinclar, das perfekte Versteck, für was auch immer. Drogen oder Edelsteine. Vielleicht beides ...“

„Wer sind die Drahtzieher?“

„Genau das gilt es herauszufinden. Also, ran an die ungeklärten Fragen. Wobei mich die Taubenkatzennovelle nachhaltig amüsiert." Del Silver schmunzelte durch sämtliche Schnurrhaare hindurch. „Ich meine, allein die Vorstellung ... Oh Mann, ich hätte sonst was drum gegeben, diesen einmaligen Showdown live und in Farbe miterleben zu dürfen. Tatzen-Brownie und der dicke Friedhelm." Er prustete vor Lachen. „Ich kann nicht mehr!"

„Mann Silver, krieg dich wieder ein! Dir ist in der Tat etwas entgangen. Trotz kleiner Statur und kaum messbaren Wadenumfangs stellte die Bachelor-Taube einen würdigen Gegner. Clever und extrem wendig, der Kumpel. Der ultimative Starfalter unter der gurrenden Meute. Wir hätten ihn mit ins Boot nehmen sollen. Rein flugtechnisch, ein Hammer-Joker."

„Ja Brownie, das is' es. Die Villa müsste ohnehin rund um die Uhr beschattet werden. Zu zweit ist das ein kräftezehrendes Unterfangen. Wir am Boden, er in der Luft ... Genial Mann!"

„Ja schon, nur ... Hm ..."

„Wie jetzt? Gibt es Neuigkeiten, die mich nicht begeistern, die etwa eine Bombenkonstellation wie diese verhindern?"

„Nun ja, äh ... Es gab da einen kleinen Tatzenfehlgriff und ich befürchte, Big Freddy muss vorerst eine längere Verschnaufpause einlegen. Wenn du verstehst, was ich meine ..."

„Hi Freddy, wie geht's denn so?" Keine Frage, el Brownies Stimme hatte Selbstbewusstsein eingebüßt. Das schlechte Gewissen nagte an ihm.

„Ach ne, die kackbraune Hau-drauf-Tatze will auf ‚Schönwetter' machen. Wie soll's einem gehen, dem halbseitig sämtliche Federn fehlen? Dauert, bis die nachwachsen ..."

„Ach, so schlimm, ja?"

Freddy zeigte seine kahle Brust.

„Ach du Scheiße!"

„Genau. Großer Mist!“

„Hm ... wusste gar nicht, dass meine Tatzen so ’nen Speed haben.“ Insgeheim war el Brownie mächtig stolz auf seine flinken Vorderpfoten.

„Nun tu mal nicht so. Du bist doch bekannt dafür, dass du ordentlich zulangst.“

„Sorry, Freddy. Ich wollte eigentlich gar nicht ... so fest meine ich ...“

„Für dich immer noch Friedhelm. Wir sind nicht befreundet oder so was.“

„Ja, schon klar. Äh ... kannst du deinen Job machen, fliegen meine ich?“

„Geht so. Langstrecken sind vorerst tabu, Erkältungsgefahr. Bin ja fast nackt oben rum.“ Freddys vorwurfsvoller Blick zeigte Wirkung.

„Das neue Federkleid wird umso schöner“, flötete el Brownie schamerfüllt.

„Ja, frische Federn haben mehr Glanz. Ein kleiner Trost. Aber sag, du bist doch nicht hier, um mir die Brust zu kraulen. Hau es raus, Kampfpfosten!“

El Brownie schluckte. Wie hatte Kahlo-Fred ihn gerade genannt? „Ruhig Blut“, ermahnte er sich, schließlich hatte er einen Auftrag zu erfüllen. Freddy sollte als lebendige Drohne herhalten. Nur, wie sollte er dem einstigen, nunmehr lädierten Flugwunder *das* beibringen? Ihm schlug blanker Groll entgegen (berechtigterweise, bei der Totalrasur!). „Hm ... ja, schade.“ El Brownie sprach mit herzerweichendem Schmalz in der Stimme. „Wirklich schade, del Silver und ich brauchen nur die Besten.“

„Wozu?“ Freddy klang skeptisch.

„Sondereinheit Sinclar-Villa.“

„Aha. Als was?“

„Oje, der will’s aber wissen“, dachte el Brownie genervt. Nun mobilisierte er all seine Überredungskunst. „Äh, als Cop natürlich. Äh, Recherche aus der Luft, Vogelperspektive sozusagen ..."

„Was springt dabei heraus?"

„Hm ... Spezialfutter ... äh ... ein Jahr lang?

Freddy blieb stur.

„Na gut, für die ganze Sippe."

„Okay, plus Krankenversicherung. Das ist der Deal, take it or leave it."

El Brownie überlegte nicht lange. „Sicher doch, geht klar, Mann." Erleichtert darüber, dass Freddy den Plan unterstützte, rannte el Brownie auf direktem Weg zu seinem wartenden Partner.

„Und, was fressen Tauben so?"

„Alles!! Alles, was wir nicht mögen."

„Toller Deal! Ein Jahr lang ... Was hast du dir nur dabei gedacht, Brownie?"

„Lass mich nur machen, ich kriege das hin."

Einige Tage später schlenderten die beiden Supercops an dem für Touristen gesperrten feinkörnigen, weitläufigen Strandabschnitt entlang.

„Einsatzwillig ist er ja. Observation Sinclar-Villa läuft auf Hochtouren. Freddy ist nicht zu bremsen. Der hat bisher freiwillig sämtliche Schichten übernommen."

„Genial!"

„Ist die Luxushütte eigentlich zurzeit bewohnt? Vater abgenibbelt. Tochter traumatisiert und auf Kur. Wo steckt Baronin Sinclar überhaupt? Existiert 'ne Geliebte?" El Brownie sprudelte über vor Wissensdurst.

„Also der Reihe nach: Seine Ex hängt auf Malta fest. Jeden Morgen im immerwährenden Frühling erwachen, in den Tag hineinträumen, ich glaube, das ist auszuhalten. Lucia Esmeralda Gonzalez Caprese-Gommez, Sinclars einstige Gespielin, heißer

Feger übrigens, hält die Villa regelrecht besetzt! Ihre Lieblingsbeschäftigung, neben Shoppen in Barcelona und New York, ist Party machen, in diesem Fall organisieren. Es scheint, als habe sie ihre Rolle im Leben gefunden: Gastgeberin und Ersatzbaronin. Und das mit dreiundzwanzig. Chapeau!“

„Ich tippe auf ein stimmgewaltiges Aufeinandertreffen der Ladys.“

„Das ist zu vermuten.“

„Freue mich schon irre darauf! Ich stehe auf gutes Theater und auf alles, was Kurven hat. Ähm … nachts sollten wir wieder übernehmen, nicht dass Freddy frontal gegen irgendeine widerstandsfähige Methusalempalme knallt, und das war’s dann! Der ist im Dunkeln doch blind wie ein Stein. Okay, der Fress-Deal würde wegfallen, aber eben auch unsere fliegende Spezialstreife. Außerdem gehören wir nun mal zu der Spezies, die selbst nach Sonnenuntergang Tesa auf Glas erkennt.“

„Du hast recht, Brownie. Heute Nacht ist Schichtwechsel.“

Del Silver und el Brownie hegten Zweifel: War *The Blue Palais* nun ein Tollhaus oder tatsächlich ein Versteck? Freddy schraubte seine eigentlichen Verpflichtungen auf null, nur um tagein und tagaus Langeweile zu schieben. Nichts war geblieben von der anfänglichen Euphorie. Bis zu jenem Tag …

Am späten Nachmittag, Freddy absolvierte gerade eine seiner obligatorischen Flugrunden, bemerkte er sie, kleine, silberfarbene Kisten, genauer gesagt zwei, die kurzweilig in der Einfahrt standen, bewacht von einem grimmig dreinschauenden, bodygestylten Latinoverschnitt. Lucia, in lässiger, aber auffallend bunter Armanirobe, nahm die Ware nach einem knappen Wortwechsel in Empfang. Während sie die Kisten nacheinander ins Haus schaffte, fixierten die scheinbar sanften Rehaugen die Gegend. Ungebetene Gäste konnte sie nicht brauchen.

Flugtechnisch hatte Freddy klare Sicht. Er wusste, wo genau die Kisten untergebracht waren.

„Gut gemacht, ‚fetter' Friedhelm!" Das Wort *fett* unterdrückte el Brownie (Gedanken sind bekanntlich frei ...).

„Ausgezeichnet Freddy, ganz heißer Tipp", lobte del Silver! „Du bist deine Ein-Jahres-Ration wert!" Del Silver bastelte bereits an einem Plan, den Inhalt der Kisten in Augenschein zu nehmen. Eine der nächsten Partys wäre sicher günstig für eine solche Aktion. Gefeiert wurde ja ständig in diesem (Toll-)Haus. Merkwürdigerweise sah man die Jungs der zuständigen Kripoeinheit selten an diesem Ort. Was verwunderlich war. Die Sinclar-Villa stand spätestens nach dem mysteriösen Dahinscheiden des Hausherrn und des versuchten Mordes an seiner blutjungen Tochter – daran bestand kein Zweifel – auf der roten Liste. Geduld hieß das allseits beliebte Zauberwort. Und das hatten die Samtpfoten drauf!

Die empfohlene Tierpension war mehr als akzeptabel. Okay, die zwei integrierten Kratzbäume hatten schon bessere Tage gesehen. Zumindest waren sie kuschelig, bestes beigefarbiges Schlummerplüsch der Marke Samtpfotentraum. Hier ließ es sich wunderbar abhängen und nachdenken. Die Besitzerin, Madame Germaine, einst Marseilles Vizeschönheitskönigin, der zweite Platz saß ihr seither quer im Magen, erfüllte den beiden Spürnasen jeden ihrer Wünsche. Da el Brownie im Keller für Ordnung sorgte und den bis dahin ansässigen Ratten erfolgreich einen Ortswechsel vorschlug, waren Kost und Logis frei. Das Heim für obdachlose Vierbeiner in bester Lage bot Freddy an. Was für ein Gewinn, dieser Vogel. Die recht ordentliche Unterkunft lag einige Pfotengänge entfernt. Die beiden Superhelden kamen ohnehin selten dazu, ihre Lieblingsbeschäftigung, „komatöses Abschlummern", voll auszukosten. Erledigungen verschiedenster Art füllten die Tage aus. Nachts lösten sie Freddy ab.

„Mann, bin ich froh, dass wir unseren Flugkapitän haben, der Bengel hat sich längst bezahlt gemacht.“ Del Silver grinste zufrieden. „So richtig weitergekommen sind wir beide ja nicht gerade, was Partner?“

„Das stimmt so nicht. Ich habe herausgefunden, dass der schwarze Lieferwagen, den der Latino-Proll fuhr, einem schlecht laufenden Cateringservice gehört.“

„Woher weißt du das?“ Del Silver staunte.

„Das Logo auf der Kofferraumklappe ...“

„Respekt Partner, deine Umsichtigkeit schätze ich. Aber warum erfahre ich das erst jetzt?“

„Äh ... da kam immer etwas dazwischen. Ich meine, ich kann ja nicht pausenlos an den Fall denken, man hat ja schließlich auch ein Privatleben.“

„WIR nicht!!“, polterte del Silver. „Aha, jetzt weiß ich auch, welchem FALL du nachgegangen bist, neulich, als ich die Nachtschicht alleine schieben durfte, und du, unter dem Vorwand, ’ne Mütze Schlaf nachholen zu wollen, stiften gegangen bist. Dein Interesse galt der nebenan untergebrachten französischen Reinrassigen. Mensch Brownie, die ist doch noch im Spielalter!“

„Hast du ’ne Ahnung! Okay, sie spielt wirklich gerne ... nur nicht mit Fellmäusen ...“ El Brownies Augenaufschlag war eindeutig! Zwei glühende Feuerdiamanten zwischen zwei frechen, spitzen Ohren.

„Weißt du was? Du bist ein ganz verdorbener Schürzenjäger.“

„Oui ... l’amour toujours. Einer muss die Ladys klarmachen ...“ El Brownie grinste breit.

Del Silver stammelte: „Du bist ein hoffnungsloser Fall ...“

„Ey, Kahlo-Freddy. Du hast sie wirklich dabei beobachtet?“

„Was? Wie jetzt? Meinst du mich? *Friedhelm,* wenn ich bitten darf!“, sagte er energisch.

„Wieso, was habe ich denn gesagt? Egal. Also *Friedhelm*“, el Brownie zog den Namen gefährlich in die Länge. „Wo genau sind die Kisten abgeblieben?“

„Hinter dem Bild mit der Nackten auf dem Riesenarsch.“

„Du meinst, mit dem Riesenarsch.“

„Nein. Da liegt eine Frau nackt auf einem megagroßen Arsch.“

„Echt jetzt? Cool ... Das muss ich sehen.“

„Ich dachte, del Silver und du seid im Haus gewesen und habt euch den Luxus reingezogen?“

„Das Schlafzimmer haben wir aus Zeitgründen ausgelassen.“

„Ausgerechnet! Irre, der Raum. Mittendrin steht ein riesiges, rundes Bett. Ach, und weißer Plüschteppich. Und das Bild mit dem Arsch an der Wand.“

„Ist sie hübsch?“

„Wer?“

„Na, die auf dem Allerwertesten.“

„Aller*was?*“

„Ich fasse es nicht!“ El Brownie miaute ungehalten.

„Ach, dem Arsch ... Manchmal dauert's bei mir.“ Freddy gurrte lautstark. Sein Köpfchen wackelte hoch und runter und sollte wohl niemals wieder zum Stillstand kommen.

„Äh ... lachst du gerade?“, wollte el Brownie belustigt wissen.

„Ja, meine Zunft und ich lachen so. Was dagegen?“, konterte Freddy spitz. „Um auf deine Frage zurückzukommen. Ich glaube schon, dass die Frau auf dem ... du weißt schon, hübsch ist. Ich kann das nicht beurteilen.“

„Ich merke schon, ich muss da selbst auflaufen.“ El Brownie lächelte verstohlen.

„Hm ... die Kisten sind also hinter einem anzüglichen Bild verschwunden.“ Del Silver wirkte angespannt. Er selbst hatte ein gehobenes Kunstverständnis. In diesem Fall war es jedoch nicht von Interesse, ob der Safe hinter einem Monet platziert war oder hinter dem Bild eines Straßenmalers. Sinclar hatte zu Lebzeiten einen ausgezeichneten Kunstgeschmack bewiesen. Er sammelte wertvolle Bilder wie andere Briefmarken. Hier und da ein Gablon oder Renoir. Den alten Meistern der gekonnten Pinselstriche galt sein Interesse. Kunstwerke, Raritäten schmückten die Wände. Ein Picasso durfte da nicht fehlen. Jedes der Bilder bestätigte Sinclars ausgezeichnetes Kunstverständnis und dessen Reichtum. Das war del Silver nicht entgangen, als er die Luxus-Immobilie inspizierte. „Wir müssen an den Safe ran", sagte er entschlossen. „Freddy erhält die Aufgabe, aus der Vogelperspektive heraus den Code auszukundschaften."

„Das ist nicht dein Ernst, Silver?"

„Hm, einen Versuch ist es wert."

„Wenn du meinst. Ich halte ihn nicht für geeignet. Eigentlich würde ich das gerne selbst übernehmen. Ich sage nur: unscharfer Blick bei Dämmerung … Na, dämmert's?"

„Ja stimmt, das hatte ich vergessen."

„Zu dumm, dass wir nicht wissen, was genau in den Kisten verborgen ist. Sollte es Schmuck sein, würde Lucia, eitel wie sie ist, die Klunker auf der geplanten Party tragen wollen. So viel steht fest."

„Genau."

„Lucia und ihre Gäste werden sicher auch an weißem Pulver schnüffeln. Eine Gesellschaft wie diese hat das Zeug neben der Zuckerdose stehen."

„Meiner Ansicht nach ist Koks nicht das, wonach wir suchen. Ich tippe mausgrausicher auf wertvollen Schmuck."

„Der Gedanke freundet sich langsam mit meinem Denkapparat an. Lass mich kurz überlegen … Wir machen es anders. Freddy ist raus. Den besagten Abend, an dem die Fete steigen soll, musst du dir Eintritt ins Schlafzimmer verschaffen."

„Mit Vergnügen", raunte el Brownie.

„Du musst äußerst geschickt vorgehen und darfst dich nicht erwischen lassen, sonst bist du dran. Katzen sind nicht erwünscht in diesem Haus. Sinclar war ein Katzenhasser und Lucia ist es auch, das sehe ich auf hundert Meter Entfernung."

„Tatsächlich! Na, die soll mich kennenlernen ..."

„Eben nicht, Brownie! Sie darf dich NICHT kennenlernen! Verstehst du das?"

„Jaaa! Ich hab's gespeichert."

„Also, du behältst Lucia im Auge. Stell dich in Reichweite, wenn sie Schmuck anlegt, den sie oder ihr Lover vorher aus einer der silbernen Kisten genommen hat. Capito?"

„Hundertprozentig verstanden, Chef."

„Give me five ..."

Bevor dieser Abend stattfinden sollte, fand etwas anderes statt: Das Zusammentreffen zweier Grazien. El Brownie hatte das Spektakel herbeigesehnt. Es war nur eine Frage der Zeit. Nun wurden del Silver und er leibhaftig Zeugen einer hässlichen, wenngleich schlagkräftigen Darbietung. Mitwirkende der Dreigroschenoper: Carla Sinclar, Witwe des verstorbenen Barons, und eine in die Jahre gekommene Society-Lady. Lucia, Geliebte und Gelegenheitsmodel, jung, bildhübsch und gemein ... *Grundgütiger!*

„Wer sind Sie denn?" Baronin Sinclar wich das Blut aus der honigbraunen, auf Malta aufgepäppelten Fassade. Vor ihr stand eine halbnackte, 178 cm große, schlanke Schönheit mit wallender pechschwarzer Mähne. Haare, so seidig wie das Fell eines Panthers. Figur und Haut nahezu perfekt! Lucia trug einen megaknappen, giftgrünen Glitzerbikini. Carla Sinclar wusste genau, dass das edle Stück auf nasser Haut aus der Kollektion „shinest" stammte. Ein Jungdesigner, der in kurzer Zeit den Pariser Modehimmel erobert hatte und angesagten Designern im wahrsten Sinne des Wortes hochkarätig Konkurrenz machte. Sein Debüt hatte er mit eben solcher Strandmode. Unikate, mit verhältnismäßig vielen Glitzersteinchen besetzt. Es handelte sich um echte, lupenreine Edelsteine: Saphire, Rubine, Smaragde, Opale ... die ganze Palette. Ein patentiertes Verfahren imprägnierte die Prachtstücke; Feuchtigkeit jeglicher Art konnte den Steinen nichts anhaben. Jede modebewusste Frau mit einem prall gefüllten Konto hatte den Anspruch, mindestens eines dieser kostbaren, stylishen Teile besitzen zu wollen. Arno, der Jungdesigner und Chef des stetig wachsenden Modeimperiums (er stammte tatsächlich aus *Taucha* bei Leipzig), entwarf exklusive Bademode für äußerst zahlkräftige Herrschaften. Selbst bei den Männern durfte es untenrum glitzern. Der neuste Schrei.

Lucia rückte die edle Armani-Sonnenbrille auf die kecke, chirurgisch perfekt angepasste Nasespitze und sah dem ungebetenen Gast spöttisch entgegen.

„Ach ... einen traumhaft schönen guten Tag, Frau Ex-Baronin ...“

„Baronin reicht, die bin ich und die bleibe ich. Die Frage ist: Wer sind Sie?!?“

„Ihre Nachfolgerin. Eine, die es verstanden hat, einen Macho wie Sinclar – Gott hab ihn selig – zu dressieren. Und die nur das Beste erhalten hat, was er zu bieten hatte.“

„Klar, sein Geld!“

„Ach, Teuerste, es geht nicht immer um Geld. Ich habe den Tiger in ihm geweckt. Mit mir hat er Sachen erlebt, die wagen Sie sich nicht vorzustellen. Er war verrückt nach mir.“ Lucias Tonfall klang zuckersüß. „Schade, dass ich künftig auf bombastische Erektionen à la Sinclar verzichten muss.“ Ihre rehbraunen Augen funkelten diabolisch.

„Und auf sein Geld, Sie Flittchen“, pöbelte die Gedemütigte.

„Vorsichtig! Ich bin in Begleitung. Ein kurzer Hinweis und Franko befördert Sie höchstpersönlich hinaus."

„Ah, der Neue ..."

„Nein, Franko und ich kennen uns aus Kindertagen."

„Verstehe. Eine Sandkastenliebe sozusagen. Und mein Gatte hat diese Liaison auch noch finanziert ..." Sie lachte hysterisch.

„Ex-Gatte, Gnädigste. Die Betonung liegt auf *Ex*. Nur um Ihre Neugier zu befriedigen: Franko und ich sind wie Geschwister. Aber ich muss mich Ihnen gegenüber nicht rechtfertigen. Mein Leben geht Sie so gar nichts an. Und jetzt ersuche ich Sie, das Anwesen zu verlassen, sonst ..."

„Sonst was? Was erlauben Sie sich!" Carla Sinclar verlor die Fassung. „Ich erbe diesen Palast, und dann werde ich Sie des Grundstücks verweisen, aber so was von ..."

„Falsch informiert, Ex-Baronin. Der gute Sergio, Entschuldigung, Ihr Ex, hat sein Testament unserer großen Liebe zu Ehren geändert. Sie erben nicht einen Cent!"

Carla lief tomatenrot an. „Das ist nicht wahr! Das glaube ich Ihnen nicht! Ich werde sofort unseren Anwalt kontaktieren, der ..."

Lucia unterbrach das wütende Geschnatter. „Ronaldo, der Rechtsbeistand der Sinclars, hat es mir selbst offenbart. Wie Sie sicher wissen, ist die Testamentsverkündung am kommenden Donnerstag. Aber wenn Sie etwas anderes vorhaben ... Ich meine: Wer nichts kriegt, braucht auch nicht anwesend zu sein. Oder?"

Mittlerweile lehnte Carla leichenblass und Schutz suchend an der edlen Hauswand.

Freddy hatte Bedenken: War er in der Lage, die Flut an Informationen aufzunehmen, geschweige denn weiterzuleiten? Auf dem Grundstück ging es zu wie auf einem marokkanischen Wochenmarkt. Rege Geschäftigkeit, die er taubenschlau verfolgte. Männer in strenger, schwarzer Kluft schafften kistenweise Hochprozentiges heran, trugen farbenfrohe Köstlichkeiten auf silbernen Tabletts ins Hausinnere. Unter den noblen Lieferanten hatte der bankrotte Cateringservice eher nichts zu suchen. Es sei denn ... Gelegentlich tuschelte Lucias Sandkastenfreund mit dem Fahrer. Aha ...! Darüber durften die Meisterdetektive brüten, Freddys Ansicht nach. Er hatte lediglich die Aufgabe, Augen und Ohren offen zu halten. Schwierig im Alleingang. Eines war klar: Ein solcher Einsatz schrie förmlich nach einem fetten Sonderbonus.

Lucia gefiel sich in der Rolle der genervten Diva, längst war ihr die Organisation aus den Händen geglitten. Dauernd pflaumte sie die Lieferanten an, die wahrlich nicht bummelten. „Vite, vite, Sie schlafen ja ein beim Gehen. Was soll das hier? Das habe ich nicht bestellt!" Sie probierte einige der fein angerichteten Köstlichkeiten, verzog, derb angewidert, das perfekt geschminkte Gesicht. „Ich habe Kaviar bestellt, keine taubenkotartigen Gummibällchen."

„Hoppla, junge Frau, keine Anzüglichkeiten, wenn ich bitten darf", schimpfte Freddy kreisend über ihr und entlud sich auf Knopfdruck.

„Scheeeiißße ... Auch das noch!" Die Wut über das Missgeschick ließ die spanische Schönheit erst recht in Wallung geraten. „Den Schund nehme ich Ihnen nicht ab! Packen Sie das gefälligst wieder ein! Verdammt noch mal! Putain de merde!"

„Aber Madame ... ich habe es schriftlich. Hier, lesen Sie." Der eher schüchterne Angestellte der besten Catering-Adresse am Platz hielt ihr die Bestellungsdurchschrift buchstäblich unter die Nase.

„Ach, lassen Sie das! Ich weiß, was ich bestellt habe! Wenn ich bis 12 Uhr keine einwandfreie Ware erhalte, lernen Sie mich kennen ... Sie ... Sie ... Pinguin!" Niemand hatte Bedarf, Lucia näher kennenzulernen. Zu guter Letzt betete sie ein spanisches Donnerwetter herunter, das in einem ohrenbetäubenden Sakra (!) endete. Gleich darauf stand Franko dem Feuer speienden Vulkan zur Seite. Wortlos, ohne Minenspiel, nahm er sich der leidigen Sache an. Keiner hatte mehr Pokerfacequalitäten zu bieten als die Latinovisage! Die eingeschüchterte Liefergarde produzierte einen Bückling nach dem anderen, drückte mit derlei Gesten schonungsloses Bedauern aus und beteuerte, dass die bestellte Ware selbstverständlich rechtzeitig geliefert werden würde. Darauf sei Verlass! Hundertprozentig! Freddy hatte den Eindruck, Lucia erwartete ein Heer von Gästen mit Rang und Namen, die oberen Zehntausend, Prominenz, die aufgrund der Filmfestspiele derzeit in Cannes zugegen war. Was für ein Spektakel!

The Blue Palais beeindruckte die betuchten, berühmten Gäste. Ein Raunen und Staunen in unterschiedlichen Sprachen klang aus jeder Richtung: vornehmes Englisch, slangbetontes Amerikanisch, italienisches Durcheinander, edles Französisch (n'est-a par!) und gelegentliche spanische Ausführungen.

Lucia war nicht nur atemberaubend schön, sie war klug und ziemlich sprachbegabt. Sie präsentierte jedem der Gäste die aufmerksame, charmante Gastgeberin, unterhielt sich wie selbstverständlich in deren Sprache, plauderte unbefangen, lächelte liebreizend und wusste, dass keiner der weiblichen Gäste ihr das Wasser reichen konnte. Das champagnerfarbene Nichts auf makelloser, goldbrauner Haut erzielte die gewünschte Wirkung. Edle Spitze verhüllte gerade so eben formvollendete Rundungen, der Rest – die reinste Verführung. Da blieb so manchem Herrn die Luft weg vor Verzückung. Einige Damen hatten Schnappatmung vor Neid. Und ja ... Lucia glänzte auffallend an diesem Abend. Lupenreine, veilchenblaue Diamanten, gefasst in einem zarten Diadem, dessen Leuchtkraft dem nächtlichen Sternenhimmel gleichkam. Ein Vermögen baumelte an Hals und Ohren.

„Mensch Brownie! Ich hatte komplettes Herzrasen! Wie ist es eigentlich zu der Verfolgungsjagd gekommen? Ich sagte doch, du musst höllisch aufpassen. Das war wirklich knapp, Kumpel!"

„Ja, aber auch höllisch aufregend! Ich hatte mächtig Spaß an der Jagd! Die Bande habe ich übel ausgetrickst.“ El Brownies Schokoschnäuzchen verfiel in ein Dauergrinsen.

„Die Einzelheiten will ich wissen!“ Del Silver sprang abwechselnd von einem Pfotenpaar auf das andere.

„Ich saß also unter dem Riesenbett auf der Lauer und sah Lucia und Franko am späten Nachmittag liebestrunken ins Schlafzimmer taumeln. Zunächst vergnügten sie sich auf der königlich runden Matratze. Holla die Feldmaus, da ging es skandalös ab. Ich kann dir sagen ... Ujjujujujuju ...“

„Den Teil lass bitte weg! Komm zum Wesentlichen.“

„Nach dem besagten Akt schlich ich geräuschlos, rote Ohren inbegriffen, du verstehst, an den Rand des Bettes, um besser sehen zu können. Lucia tänzelte quietschvergnügt, die Wangen rosa, ins Badezimmer. Franko, in urwüchsiger Mannesgestalt, stand nunmehr breitbeinig auf dem Bett und machte sich am Safe zu schaffen. Den Code habe ich clarísimo gespeichert, keine Sorge. Er nahm die Kisten heraus und öffnete sie. Und da lagen die Steine, in vollendeter Pracht. Nicht nur das Diadem mit passenden Ohrringen. Die Kiste war randvoll mit Edelsteinen ...“

„Respekt! Wie hast du aus der Ameisenperspektive überhaupt etwas erkennen können?“

„In der Position befand ich mich längst nicht mehr. Unbemerkt habe ich mich herangeschlichen, saß ihm zur Linken, unter der Armbeuge sozusagen. Wohl bemerkt, vor dem Duschen. Der hatte es nötig ... Alter! Der Gestank eines Ziegenbocks ist Parfüm dagegen. Du weißt, mein Schokonäschen reagiert überaus empfindlich! Ich habe ein geräuschvolles Niesen nicht unterdrücken können ...

In Nullkommanix sprang ich vom Bett herunter, der Nackedei hinter mir her, wütend, schreiend. Lucia, in seidiger Unterwäsche bekleidet, schloss sich laut fluchend an, hinterdrein der Bodyguard, die Zugehfrauen ... Keiner wusste, um was es genau ging. Einer folgte wie blöd dem anderen. Ja, ja, die Zweibeiner, keinen Schimmer von irgendwas, aber 'nen Lauten machen. Hm ... ich glaube der Schaden, den ich verursacht habe – es schepperte gehörig – war nicht unerheblich. Der Inhalt dieser einen Kiste war schon der Hammer! Wer weiß, was in der anderen verborgen liegt."

„Also doch wertvoller Schmuck! Dein Supernäschen hat dich nicht getäuscht, Partner. Ein Glück, dass wir nicht gewettet haben ..."

„Zu blöd! Ich hätte mein Näschen vergolden lassen können. Ich wusste, dass Schmuck 'ne tragende Rolle spielt. Die Steine sind ein Vermögen wert! Katzenschwanzsicher!"

„Hm, wir wissen noch immer nicht, wer genau der Gaunerclique angehört und was sie mit dem Klunker vorhaben."

„Unter den hochkarätigen Gästen habe ich auch Tauchas Ehrenbürger, den Stardesigner, samt Entourage entdeckt. Franko heftete sich den ganzen Abend an seine Fersen. Gelegentlich sprachen sie einige Sätze miteinander und sahen wichtig dabei aus. Einmal verschwanden sie für 'ne halbe Stunde. Ich wäre ihnen zu gern gefolgt, ließ es aber bleiben, nach dem turbulenten Verfolgungsmanöver am Nachmittag. Vorsicht ist des Katers Pflicht. Denkt er anders, klappt es nicht ..."

„Wow Brownie, ein weiser Spruch! All das ist mir natürlich aufgefallen. Der hängt da hundertpro mit drin. Wer ist eigentlich der Lieferant der Bikinisteine? Vielleicht gibt es da einen Zusammenhang? Kombiniere: Schmuck wird geordert, nicht nur für die Bademodekollektion ... Die wertvollsten Steine, in dem Fall sogar lupenreine Diamanten, gehen schwarz über den Tresen ..."

„Sinclar spielte falsch und wollte alles oder einen Großteil für sich selbst einstreichen. Da haben sie ihn umgelegt."

„Einleuchtend, Brownie"

„Vermutlich hat Lucias Eitelkeit dem Vorgehen geschadet. Die Presseheinis knipsten reichlich Fotos an dem besagten Abend, das Geschmeide wird in sämtlichen Zeitungen abgebildet sein. Reichlich unbedacht."

„Oder megaclever ausgeheckt ... Interessenten auf den Plan rufen. Millionenschwere Kundschaft herbeilocken. Daran sind sie womöglich interessiert."

„Hm ... ausgekochter Gedanke. Hey, Kahlo-Freddy hat von Heimlichkeiten zwischen dem Fahrer des Pleitegeierservices und der Latinofresse gefaselt. Geheimnisträger? Verbündete ...?"

„Da bleiben wir dran!"

Der Schokobraune dachte angestrengt nach: Wie sollten sie weiter vorgehen? Die Liste der Übeltäter führte Franko an. Dieser Proll steckte megatief drin, da gab es keinen Zweifel. Außerdem war er ein verschlagener Lump. Wenn Lucia da mal nicht ihr blaues Wunder erleben würde (und damit war nicht die *blaue Villa* gemeint, die längst unter den gelackten Nägel klemmte). Franko, der Unhold an ihrer Seite, fuhr nur zu gern im quietschgelben Ferrari seiner Angebeteten in der Gegend umher. Was also sprach dagegen, mal eben auf der Rückbank Platz zu nehmen und dem dreisten Fahrer auf seinen Touren unbemerkt Gesellschaft zu leisten?

Einige Nachmittage später bescherte das Aushalten etlicher Geschwindigkeitsrekorde den gewünschten Erfolg. Der Superschlitten hielt an einer einsamen Bucht. Dort wartete ein korpulenter Mann in kurzen Hosen ...

„Ach ne, dachte ich's mir doch. Das pausbackige Riesenbaby vom Pleitegeierservice." El Brownie spitzte die kecken Ohren ...

„Ey Caruso, hast du die Ware dabei, getrennt in zwei Kisten?" Franko fixierte die Gegend, Schweißperlen klebten auf der aalglatten Stirn.

„Sì, Al Capitano."

„Das will ich dir auch geraten haben. Ich möchte nicht wieder kleine Brötchen backen und Lucia vertrösten müssen. Du ahnst ja nicht, wozu dieses Weib fähig ist … Madonna! Aber ich denke nicht daran, ihr den größten Anteil zu überlassen. Da mache ich lieber mein eigenes Ding!“, plapperte er gedankenlos vor sich hin.

„Si, Al Capitano.“

„Nenn mich nicht so, du weißt, ich mag das nicht.“ Franko war stinkig, vor allem wegen der Unvernunft, laut zu denken.

„Sì … Äh, wie dann?“

„Franko, du Dämlack, wie alle hier. Schlicht und einfach Franko. Ist doch ein prima Name, oder?“

„Sì, Al … äh … Franko. Ist aber auffällig …“

„Was meinst du, Caruso? Was um Himmels willen soll auffällig sein? Du sprichst mich mit Vornamen an, na und? Zumal niemand in der Nähe ist, hoffe ich wenigstens“, irritiert sah er sich um.

„Na ja, du biste Al Capitano for micke …“

„Klar! Ich bin der Chef! Das weißt du und das weiß ich. Niemand sonst muss das wissen, capito?“

„Sì … äh … Franko.“

„Brav, Alter.“

„Alter? Ich Caruso, du Capitano …“

„Ne, ich Franko und du am Arsch, wenn das hier so weitergeht. Verpiss dich jetzt, mir schwirrt schon die Birne.“

„Was du meinen?“

„Das willst du nicht wissen, glaub mir. Und jetzt Abmarsch, sonst helfe ich nach, klar?“

„Sì, Chef …“

„Franko, Mensch! Ich raste aus … Hau ab, Mann.“ Er nahm die abgestellten Kisten an sich, drehte sich auf dem Absatz um und stellte sie nacheinander auf den Beifahrersitz Ohne Caruso, der wie ein Depp am Wegrand stand, weiter Beachtung zu schenken, brauste er davon.

El Brownie hatte so gar nichts dagegen, dass der Latino laut aussprach, was in ihm vorging. „Lucia weiß nur von einer Kiste. Wie bisher übergebe ich femme fatale die Steine und ich behalte den Stoff. Ha, sie ahnt nichts vom doppelten Boden. Ja, ja, manch eine Sache hat 'nen doppelten Boden. So ist das, Madame! Und dieses Mal reserviere ich mir zusätzlich ein paar Glitzersteinchen!" Frankos Laune besserte sich schlagartig.

„Ich fasse es nicht!" El Brownie staunte! Zunächst über Frankos schamloses Verhalten und erst recht über die Tatsache, dass del Silver mal wieder richtig lag mit seiner Intuition. Weißes Pulver spielte eine Rolle. Dieser Fuchs!

Vor einem schlicht aussehenden Haus, weitab vom Hafentrubel, hielt der Flitzer. Angespannt schleppte Franko jede der Kisten ins Innere des Hauses. Auf der Heimfahrt lag nur eine einzige auf dem Beifahrersitz.

„Interessant! Mal sehen, wer da Hausherr ist ..." El Brownie notierte gedanklich das Vorgehen, um zu gegebener Zeit darauf zurückzukommen.

Während der rechte Fuß das Gaspedal bis zum Anschlag durchdrückte, überlegte Franko lautstark, wie er Caruso nach getaner Arbeit das Maul stopfen konnte.

„Ein solcher Schwachkopf kann mir glatt die Tour vermasseln. Na ja, einer muss schließlich die Drecksarbeit machen. Diese dauernden Personalengpässe!" Das Pokerface zuckte ein-, zweimal, dann stand es wie gemeißelt in Position. So schnell würde er nicht das Gesicht verlieren. Schon gar nicht vor seiner heißblütigen Flamme. Er hasste Lucias Wutausbrüche, ihre Klugheit, verpönte ihren Starrsinn. Aber er vergötterte zwei herrlich feste Honigmelonen unter zarten, sonnengebräunten Schulterblättern und jede weitere Rundung am Körper der Venus. Eine Wahnsinnsbraut! Sie gehörte ihm, seit sie 16 Jahre alt war! Und nun auf ewig! Die Liaison mit Sergio zählte nicht, keine der zahlreichen Nächte, die sie ihm zu Willen war. Das gehörte zum Geschäft. Ein Jahrhundertgeschäft, wie es aussah. Franko widerte die Vorstellung an: Lucias formvollendeter Körper nackt in rhythmischen Bewegungen auf dem vor Ekstase zuckenden Unterteil eines anderen Mannes ... Sein Blut kochte. Das würde nie wieder nötig sein! Wie hatte sein Großvater zu Lebzeiten gesagt? Ein dicker Fisch am Haken und du bist der Hai im Becken – oder so ähnlich. Dennoch, seine Fantasie lief Amok bei dem Gedanken, Lucias Leidenschaft mit einem anderen Mann geteilt zu haben. Er riss am Lenkrad. Autsch, heikle Situation. „Beherrsche dich", schrie er sich selbst an. „Schließlich lebt das Schwein nicht mehr. Gepriesen sind die Sohlen desjenigen, der ihm das Licht ausgeblasen hat", frohlockte er. Er wusste schließlich genau, zu wem die Sohlen gehörten. Damit hatte er ein weiteres Ass im Ärmel. Er war Al Capitano, ganz genau! Laut fluchend brüllte er: „Der Chef im Ring bin nun ich! Sergio, du geiles Arschloch, deine Asche schwimmt bis zum jüngsten Tag im türkisblauen Pazifik. Eigentlich genial. Ein geldgieriger Sack weniger! Letztendlich werde ich triumphieren, auch was den Rest der Truppe angeht. Signore Calucho hat großen Einfluss, zugegeben, doch nutzen wird ihm der am Tag der Abrechnung nichts! Haha ... Und der selbst ernannte Modezar kann ebenfalls einpacken, dem drehe ich den Goldhahn zu. Ich starte in ein neues Leben an einen herrlichen Platz am Ende der Welt, mir zu Füßen die schönste Frau der Welt. Der wird schon sehen, mit wem er es zu tun hat, dieser eingebildete Möchtegern. Hab eh keinen Bock mehr, lüsterne Hintern zu tätscheln und was sonst noch damit verbunden ist ... Igitt! Nur damit der Designerfuzzi oder ein anderer Halunke Kontakte spielen lassen. Abtauchen in Taucha, heißt es beizeiten für den einstigen Schneiderlehrling." Franko lachte über den entstandenen Wortwitz und über seinen ausgeklügelten Plan, den – wie er annahm – nur er kannte. Gekonnt sprang er aus dem Monsterschlitten, der mittlerweile vor der blauen Villa parkte.

Dank Frankos dummer Angewohnheit, Selbstgespräche zu führen, hatte el Brownie imposante Informationen aufgeschnappt.

Del Silver war hocherfreut über das, was er zu hören bekam, vor allem die Sache mit dem Koks. Hatte er es doch geahnt! Tja, seiner Wahrnehmung konnte er getrost trauen. „Spitze Mann! Ganz schön riskant, Brownie. Die Fahrt im gelben Flitzer hätte deine letzte sein können."

„Ja, mein Fell steht seither unter Dauervibration", griente el Brownie und schwellte die Brust. „Ey Partner, du solltest der Nähbrezel mal einen Besuch abstatten. In der Designerstube gibt es sicher 'ne Menge zu beobachten. Wenn nichts läuft, machst du halt ein paar Verrenkungen. Dir wird die Zeit schon vergehen." El Brownie lachte herzerfrischend.

„Pah ... das will ich wohl meinen. Keine Sorge, ich vertreibe mir schon die Zeit, aber eher mit Scharfsinn, Freundchen! Ach, wo wir gerade beim Thema sind: Habe ich dir eigentlich von der 3-D-Version erzählt? Yoga für Dauergechillte?"

„Ne, ist das ein Kurs für Mega-Verzweifelte?"

„Ha! Ich und verzweifelt! Deinetwegen vielleicht, fürwahr!" Del Silver grinste. „Ich merke schon, mit dir über Yoga zu sprechen, gleicht dem Versuch, einem Delfin das Tanzen beizubringen."

„Hallo ...?! Du vergleichst mich mit einem Delfin?? Deine Fantasie möchte ich haben ... Ein im Dreieck springender dickbäuchiger Meeresbewohner im Vergleich zu einem megagewitzten, knallharten Pfotenträger ... Ich fasse es nicht!"

Del Silver hörte vor Lachen kaum mehr, was el Brownie in seiner gekränkten Eitelkeit vor sich hin brabbelte.

Einige Zeit später ... „Brownie ...Hallo ... bist du wieder ansprechbar?"

Ein mürrisches Augenpaar sah stur geradeaus.

„Ich habe übrigens vor, das Hafengelände zu inspizieren. Luxusjachten, eine pompöser als die andere, manch eine hat edle Fracht an Bord. Und erst die stinkreichen Inhaber …", lockte del Silver.

„Und deren Spielzeug", warf el Brownie höchst interessiert ein, „langbeinige Schönheiten aus der Modeszene und Ladys aus dem Showbusiness. Wollen wir nicht tauschen? Du kümmerst dich um das Pokerface und die Edelsteintunte und ich gönne meinen Augen anderweitigen Glitzer. Wäre nur gerecht! Immer muss ich den langweiligen Teil absolvieren und du bekommst das Sahnehäubchen …"

„Du dafür die Sahneschnitten, nicht wahr? Na gut, sei's drum. Gönnerhaft wie ich bin, überlasse ich dir diesen Part. Damit sich deine Augen sattsehen am Prunk und an braun gebrannten Schönheiten. Aber halt die Augen offen, und lass dich nicht ablenken!" Del Silver zwirbelte vielsagend am edlen Schnurrbart.

„Echt jetzt? Oh Mann, fette Aufgabe! Ich stürze mich voller Inbrunst in die Arbeit, am besten sofort."

„In die Arbeit stürzen hört sich gut an! Stürz nur nicht ins tiefblaue Meer, da wärest du weniger gut aufgehoben. Denk dran, du bist kein Delfin", betonte del Silver augenzwinkernd. „Kannst du eigentlich schwimmen, Brownie?"

„Klar doch! Ich bin sogar einmal vom 10-Meter-Turm gesprungen mit Punktlandung." Er verschwieg, dass er zu jener Zeit vor Panik das Gleichgewicht verloren hatte und kopfüber ins blaue Nass gestürzt war. Eine seiner schlimmsten Erfahrungen … Mon Dieu …

Die Routen waren festgelegt. Big Freddy kreiste in regelmäßigen Intervallen über der Prachtvilla und behielt Lucia und das Pokerface im Auge. Del Silver saß in eindeutiger Pose irgendwo im Nähtempel, sein kriminalistisches Auge beobachtete manch gelungenen Stich, und el Brownie genoss einen inspirierenden Hafenaufenthalt.

„Ein heißes Pflaster … Wow!“ Der Schokobraune stolzierte am Hafen entlang und staunte nicht schlecht. „Herauszufinden, welche der Luxusjachten die gesuchte Ware an Bord hat, wird schwierig“, faselte er leise vor sich hin. Oje, hatte Frankos Unart bereits auf ihn abgefärbt? War auch er dem Wahnsinn geweiht? Keinesfalls, der Vergleich hinkte gewaltig.

Arnos Fashion-Werkstatt vor Ort war ein Luxusloft mitten in St. Tropez. Ein Dutzend Näherinnen arbeiteten rund um die Uhr, nur damit die oberen Zehntausend in winzigen, edelsteinbesetzten Stofffetzen glänzen konnten. Einschlägige Modezeitschriften lichteten bekannte Schönheiten in Blinkinis (so die Umgangssprache) ab. Die Teile sahen hip und unverschämt sexy aus.

Del Silver vermutete, dass die Näherinnen allesamt aus Indien stammten, dem Aussehen nach. Die fleißigen Mädels hatten keinen blassen Schimmer vom Geschäft. Da delegierte ein höheres Wesen, einer mit potenzieller Macht. Brownie erwähnte einen Namen. Wie lautete der doch gleich …? „Ah, ich hab’s, Calucho.“

Plötzlich rümpfte del Silver die berüchtigte Spürnase. „Was zum Henker ist das …?“ Zigarrenrauch! Nichts hasste er mehr als den Gestank einer Zigarre! Ausgerechnet! Der Stardesigner und der korpulente, schmierig aussehende, Zigarren rauchende Mann sprachen vertraut miteinander. Verstehen konnte er kaum etwas, nur so viel, dass Maestro, so nannte der dickbäuchige Mann sein Gegenüber, am Abend an Deck seiner Jacht erscheinen sollte. „Du kennst unseren Deal. Bring sie mit, die zwei … du weißt, wen ich meine“, hörte er den Zigarrenmann leise tuscheln.

„Aha, das scheint er zu sein, der rätselhafte Sr. Calucho.“

Wegen der brisanten Neuigkeiten marschierte del Silver sogleich zum Hafen. Er hatte einiges zu berichten. Das sonst so glänzende, silbrige Fell wirkte strähnig. Kein Wunder, bei fast 40 Grad im Schatten! Sein prüfender Blick wanderte den Steg entlang. Welche

Jacht mochte es sein? Natürlich die pompöseste! Wachsame Augen fixierten die nebeneinander ruhenden Luxusgeschosse. Jede der Jachten war kostspielig und besonders. Eine aber überragte alle anderen. Genau dort traf er seinen Partner.

„Hey, Brownie, wie sieht's aus?", fragte er japsend.

„Oje, hast du einen Marathon hinter dir?"

„So fühlt es sich an. Es gibt Neuigkeiten! Lass uns gemeinsam auf der Lauer liegen. Heute Abend soll ein Treffen stattfinden. Der Blinkinimann und dieser Calucho. Ein unangenehmer Geselle. Er raucht Zigarren."

„Ach, herrje, dein Albtraum, stimmt's?"

„Genau, ich hasse den Gestank."

El Brownie sah zu der Jacht hinüber, die zehnpfotenbreit vor ihnen lag. „Meinst du, das ist die schwimmende Privatinsel, die wir suchen?"

Del Silver hob beschwörend die linke Pfote, während seine Spürnase verräterisch zuckte.

„Ja klar, nun schnuppere ich es auch, eindeutig Zigarrenmief ..."

Del Silver berichtete, was er in Erfahrung gebracht hatte.

„Eins ist mir nicht klar ... Welche zwei soll der Nähfürst im Schlepptau haben? Meint der etwa uns??"

„Ne, sicher nicht. Unsere Existenz ist niemandem bekannt. Ach, deine schon, die einstigen Verfolger kennen dich, im blödesten Fall auch mich. Trotz dieser Erkenntnis sah er unbekümmert aus. Egal, für die sind wir nichts weiter als streunende Katzen. So viel steht fest."

„Stimmt! Die naiven Zweibeiner haben keinen Schimmer von unserem kriminalistischen Geschick. Es hat Vorteile, auf vier Pfoten umherzulaufen, nicht wahr?"

„Korrekt! Also Partner, halten wir strategisch fest: Die Gang besteht aus dem Latino, Lucia, Mr. Blingbling und Sr. Calucho."

„Du hast Caruso vergessen", ergänzte el Brownie.

„Der ist doch ein kleines Licht … Hm … aber ja, auch er gehört zur Gangsterclique. Wobei ich annehme, dass eine weitere, uns bisher unbekannte Person mitmischt. Caruso ist der, der die Drecksarbeit leistet. Er ahnt nicht, dass er am Ende keinen Reibach macht. Wenn er es überhaupt überlebt."

„Du meinst …?"

„Genau! Es wird nach einem Unfall aussehen …"

„Das müssen wir verhindern."

Der Zeitpunkt war günstig, das zuständige Police-Department einzuweihen.

„Die Luxusjacht wie auch die blaue Villa haben einen umfassenden Check-up verdient. Wäre doch gelacht, wenn da keine Handschellen im Chor klicken", del Silver grinste breit. Heiße Daten anonym übermitteln, das war eindeutig sein Ressort. Zunächst waren einschlägige Beweise nötig.

„Warum nutzen wir nicht die uns zur Verfügung stehende Technik? Ein Video, im richtigen Moment aufgenommen, könnte die Täter entlarven. Derartige Methoden sind vor Gericht eher chancenlos, aber die Gesetzeshüter kommen auf den Plan und somit hinter die schmutzigen Aktionen."

„Bravo Brownie!!"

„Das vereinbarte Treffen der Übeltäter halten wir kameratechnisch fest. Ich stelle mich zur Verfügung", teilte el Brownie euphorisch mit. „Nur, wem können wir ein geeignetes Teil klauen?"

Beide überlegten und zwirbelten zeitgleich am seidigen Schnurrbart.

„Ich hab's", unterbrach del Silver das Schweigen. „Der Stardesigner besitzt mehrere der technischen Wunderwerke. Ein I-Phone mit centgroßem Edelstein im Gehäuse, ein Brilli, nehme ich an, trägt er stets bei sich; ein anderes, silbern leuchtend wie mein Fell", führte er stolz aus, „liegt im Büro seiner Nähstube auf dem kostbaren Designerschreibtisch."

„Nichts wie hin. Ich übernehme das. In diesem Fall ist es gut, dass die Nähmaschinen Tag und Nacht rattern. Kein Problem, da hineinzukommen."

„Okay, ich halte die Stellung. Deine Pfoten sind wahrlich die schnelleren. Danke Brownie."

„Ist doch Ehrensache. Bis später", und schon rannte er los. Die Zeit saß ihm im Nacken. Wenn nichts Unerwartetes passierte, könnte er es bis zur Dämmerung schaffen ...

Sämtliche Fenster des Lofts standen weit offen, ein kaum messbarer Luftzug, der die aufgeheizten Räume abzukühlen vermochte. Keine fünf Minuten später stoppten vier flinke Pfoten vor dem erwähnten schicken Schreibtisch. Silbern glänzte das Objekt der Begierde auf der spiegelglatten, cognacfarbenen Glasplatte. El Brownie überlegte, wie er das Ding transportieren sollte. Prompt hatte er die Lösung vor Augen. Er wickelte das I-Phone in ein herumliegendes Seidentuch und band es geschickt um den Oberkörper. Kurz darauf rannten die durchtrainierten Pfoten Richtung Hafen.

Del Silver beobachtete derweil das Zusammentreffen zwielichtiger Gestalten.

Der Modezar begrüßte Sr. Calucho mit Handschlag. In Arnos Begleitung waren zwei Näherinnen, del Silver hatte sie einst im Nähtempel gesehen. Zwei bildschöne Mädchen, kaum älter als dreizehn Jahre, vermutete er. Sr. Calucho leckte die wulstigen Lippen beim Anblick der langhaarigen Jungfrauen. Seine schmierige Visage verriet, dass er Unanständiges mit ihnen vorhatte.

„Aha ... also nicht nur Edelsteine und feinstes Pulver, auch Menschenhandel oder Schlimmeres steht auf der Agenda ..."

Del Silver hatte Mitleid mit den kleinen, zarten Mädchen, die scheu wie Hasen vor der Flinte eines kaltblütigen Jägers eingeschüchtert dreinschauten. Nicht ein Haar sollte ihnen gekrümmt werden, dafür wollte er mit allen ihm zur Verfügung stehenden Mitteln einstehen. Eine Weile blieben die Gäste an Deck, Sr. Calucho, der Modezar und die Mädchen saßen in protzigen Sesseln auf der Reling; Champagner floss in Strömen. Die Mädchen nippten am Glasrand und fingen verlegen zu kichern an, so etwas hatten sie zuvor noch nie getrunken. Sie wussten nicht recht, wie sie sich verhalten sollten, was man von ihnen erwartete. Angst war in den schwarzbraunen, unschuldig aussehenden Augen zu lesen. Der Uhrzeiger rückte weiter vor.

El Brownie war längst nicht in Sicht. Mittlerweile war die Gesellschaft im unteren Teil der Jacht verschwunden. Del Silver hielt es kaum aus, nicht zu wissen, was da vor sich ging. Endlich kam der Schokobraune um die Ecke geflitzt, bekleidet in einem neonfarbigen, giftgrünen Seidentuch.

„Sehr kleidsam“, betonte del Silver belustigt und erleichtert zugleich.

„Haha … irgendwie musste ich das Ding ja transportieren.“

„Clever, mein Freund!“ Del Silver hatte Mühe, gegen einen aufkommenden Lachanfall anzukämpfen, besann sich jedoch sogleich und schilderte hochprofessionell den Sachverhalt. Die Aufgabe bestand darin, unbemerkt auf den schwimmenden Palast zu gelangen und das I-Phone zu starten. Wie das funktionierte, hatten sie schnell raus. Schließlich waren sie helle Köpfe und ahnten, welches der zahlreichen Symbole ein Filmchen auslöste. Voraussetzung war, dass eindeutige Situationen entstanden, die eine Aufnahme rechtfertigten.

Einige Stunden zuvor beobachtete Freddy Lucia, die auf einer superbequemen Liege am hauseigenen Pool lag. Sie zeigte keine Scheu, selbst Mutter Sonne die Show zu stehlen. Lautes Stimmengewirr ließ sie hochschrecken. Claire, die Haushälterin, sprach tadelnd auf den Herrn im dunklen Outfit ein, der sich unaufhaltsam den Weg zur Sonnenliege bahnte.

„Schon gut, ich kümmere mich um unseren Gast." Lucia wartete, bis die Haushälterin im Haus verschwunden war. „Was willst du hier? Warum hältst du dich nicht an die Abmachung?"

Freddy, dessen flinke Flügel in regelmäßigen Abständen über das Anwesen flatterten, horchte auf. Der schwarz gekleidete Eindringling kam ihm bekannt vor ...

„Du bist nicht zum vereinbarten Treffpunkt erschienen!", sagte der Mann in ernster Tonlage.

„Es hat Probleme gegeben ..." Lucia wirkte nervös, wich dem strengen Blick aus, der sie fixierte. „Bitte geh jetzt, Franko kann jeden Augenblick hier sein", ermahnte Lucia den ungebetenen Gast.

„Hallo Liebling, da bin ich wieder! Ach ... wen haben wir denn da? Ricardo! Waren wir verabredet?"

„Nein, ich wollte ganz unverhofft auf einen Drink vorbeikommen."

„Auf einen Drink ... ganz unverhofft ... um 1 Uhr mittags ... Hast du deine Gewohnheiten geändert? Drinks genehmigst du dir doch erst am Spätnachmittag, nicht wahr? Also, warum bist du hier?" Frankos Stimme klang arg verstimmt.

Der lässig dastehende Mann grinste unverschämt. „Es ist immer eine Freude, Lucia beim Baden, pardon, Schwimmen zuzusehen. Leider bin ich in Eile. Man sieht sich." Er lächelte vielsagend, drehte auf dem Absatz um und ging im Spazierschritt Richtung Einfahrt.

Der Auftritt verschlug dem Gaunerpärchen die Sprache. Franko wollte gerade lospoltern. Lucia packte ihn unsanft am Arm und beschwor mit eindeutiger Geste, ruhig zu bleiben. „Lass ihn ziehen. Ricardo ist ein elender Aufschneider. Verärgern sollten wir ihn besser nicht. Es ist jetzt wohl kaum die Zeit, unüberlegt zu handeln", mahnte sie.

„Ja, du hast recht. Ich lasse mich nicht provozieren, nicht von diesem Schnösel", zischte Franko und ballte die Fäuste. „War er mit dir verabredet, Lucia? Überlege gut, bevor du antwortest."

„Sei nicht albern! Ich habe keine Ahnung, warum er hier war. Vielleicht ist er heimlich verliebt in mich ... Sind das nicht alle, Cherie?" Sie lächelte verführerisch, ein spezieller Augenaufschlag ließ ihn alles um sich herum vergessen und leidenschaftlich in ihre Arme sinken.

„Huch! Ein Akt am Pool, am helllichten Tag ... Da werden ja selbst taubenblaue Federn rot vor Scham ..."

Die Ereignisse überschlugen sich. Die Videoaufnahmen waren im Kasten – aufschlussreiches Material, wie sich herausstellte.

El Brownie stutzte, als Freddy einen schwarz gekleideten Mann mit Namen Ricardo erwähnte, der im *Blue Palais* Unfrieden hatte stiften wollen, was nicht gelang, weil Lucia, das Luder, ihre Männer perfekt im Griff hatte, jeden Einzelnen ...

Das Haus, in dem Franko eine der zwei Kisten verschwinden ließ, gehörte einem gewissen Ricardo Bonga, dem Chef des Pleitegeierservices. Immer mehr Details kamen ans Licht.

Mittlerweile lag das I-Phone auf dem Schreibtisch des zuständigen Kommissars, der haushoch staunte beim Ansehen brisanter Filmchen. Die beiden Mädchen hatte Sr. Calucho in ein Separee verfrachtet, die wollte er zu späterer Stunde mit einer speziellen Dröhnung, die parat lag, gefügig machen ... (Dazu kam es zum Glück nicht. Del Silver gelang es, die Tür des Verlieses zu öffnen; daraufhin suchten die Mädels intuitiv das Weite.) Zu späterer Stunde leistete Franko den beiden Schurken Gesellschaft. Ein feuchtfröhlicher Abend kam in Gang. Beim Anblick lupenreiner Steine stieg die Stimmung beträchtlich. Ein vierter Besucher kletterte unbemerkt an Bord, kein anderer als Ricardo. Er beobachtete das heimliche Treffen, wohl im Auftrag von Lucia, die nicht minder falsch spielte.

Den Supercops war es gelungen, gleich mehrere Untaten aufzudecken: Mord, Diamantendiebstahl, Geldwäsche, Drogenmissbrauch, Menschenhandel und Prostitution.

Freddys Dienste wurden nicht mehr gebraucht, er durfte nach Hause fliegen zu Frau und Kindern. Einerseits freute er sich darüber, andererseits hatte er Gefallen gefunden an seinem neuen Job. Ein Cop zu sein, zählte etwas. Damit war er aufgestiegen vom einfachen Flugboten zum „Special Agent“ (so jedenfalls würde er es seiner Verwandtschaft verklickern). Als verlängerter Arm der Hobbydetektive hatte er Anspruch darauf, entsprechend eingeweiht zu werden. Er, Deckname Big Freddy, gehörte schließlich zu der coolen Einheit, die alles ins Rollen gebracht hatte. Del Silver und el Brownie waren gern bereit, den fleißigen Täuberich aufzuklären, wer wann und warum eingelocht wurde.

Auf der einladenden Terrasse der gemütlichen Tierpension saßen sie ein letztes Mal beisammen. Freddy lauschte den Ausführungen seiner Chefs aufmerksam. Del Silver startete die umfassende Beweisliste. „Also, analysieren wir einmal die Verbrecherkonten: Sinclars Todesursache war kein Herzanfall, ihn veranlasste jemand, einen ekelerregenden Medikamentencocktail runterzuwürgen. Dieser Jemand war kein geringerer als Ricardo! Es sollte nach einem natürlichen Tod aussehen. Eine Reihe der im Blut nachgewiesenen Medikamente hatte Sinclar nie verschrieben bekommen. Lucia erzählte der Police seinerzeit eine hieb- und stichfeste Version, sicher tränenerstickt.“

„Dann wollte Ricardo auch die Tochter des Barons beseitigen?", fragte Freddy ganz aufgewühlt.

„Das wiederum war Caruso – selbst da hat er versagt …" El Brownies Minenspiel wirkte unschuldig.

„Welche Rolle spielte der Zigarrenmann?"

„Calucho ist brasilianischer Herkunft, seine Auftraggeber sind raffinierte Gangster. Interpol fahndet seit ewigen Zeiten nach den weltweit gefährlichsten Diamantenschiebern", erläuterte del Silver. „Das Brilligeschäft war die eine Geldquelle, eine andere blütenweißer Stoff. Calucho hat die Hintermänner bisher nicht verraten."

„Und der Stardesigner, was hat der mit alledem zu tun?"

„Klunker-Arno ließ Kinder aus Indien für sich arbeiten. Die hübschesten Mädels hat er Calucho überlassen. Im Gegenzug erhielt er Edelsteine zum Schleuderpreis."

„Dreckskerl, dreckiger …", fluchte Freddy.

„Ich hätte nicht übel Lust, ein Zigarrenfestival zu organisieren, den Gestank müsste der Dicke stundenlang einatmen. Ich sehe es genau vor mir: hässliche Schwaden aus Qualm steigen ihm wie bei einer abgehalfterten Lokomotive unaufhörlich aus Nase und Ohren …"

„Eine atemberaubende Vorstellung …" Del Silver klang wenig begeistert.

„Was hat eigentlich der Latino verbrochen?"

„Franko hat sein Taschengeld mit weißem Pulver aufgebessert und als Diamantenbote mitgeholfen, Geld zu waschen, gemeinsam mit Lucia, die allerdings nur von der Hälfte der Klunker wusste und nichts von dem Stoff; dafür aber den Familienanwalt schmierte, der das Testament im Zuge eines prächtigen Anteils zu ihren Gunsten fälschte. Jeder für sich wollte einen Großteil seiner Einnahmen an den anderen vorbeischleusen. Tja, hat irgendwie nicht geklappt!" Del Silver triumphierte.

„Mann, was für ’ne Story! Und ich war dabei! Wir gehen in die Geschichte ein ... Ihr seid verdammt tolle Jungs!“, endete das Schlussplädoyer von Big Freddy, dem Überflieger.

Ein gelungener Rundumschlag. Die Hobbydetektive (Freddy eingeschlossen), die ansässige Police sowie Interpol hatten Grund zum Jubeln. Und noch jemand ...

„Sandy, reich mir mal den Garnelenteller ... Ach, wie köstlich!“ Baronin Sinclar sah äußerst zufrieden aus. Die Sonne wetteiferte mit kleinen bunten Steinen auf sonnenverwöhnter Haut. Eine Blinkini-Sonderanfertigung zauberte ein Lächeln in das Gesicht von Mutter und Tochter wie auch das Prickelwasser, bester Champagner der Provence. Tiefdunkle Valentinosonnengläser verhüllten den Blick, der pure Schadenfreude verriet. Ja, so hatte sie es vorausgesagt: Der Prachtbau gehörte wieder ihr und alles andere, was das Leben so lebenswert macht an der Côte d’Azur ...

„Ach Brownie, ist die Freude, die rechtmäßige Besitzer ihres Reichtums wegen ausstrahlen, nicht überwältigend ...?“

„Der eine so, der andere so ... Wir zwei haben mit Abstand den größten Schatz gefunden, er heißt: *FREIHEIT!*“

Auf Kreuzfahrt

„Scheibenkleister …! Wer kam eigentlich auf die bescheuerte Idee, auf einer dieser schwimmenden Palastschüsseln in See zu stechen?“ Del Silvers gute Manieren waren dahin. Seit neun Tagen schipperten el Brownie und er ziellos, so schien es, auf dem Pazifik umher. Ein Ende der Reise nicht in Sicht. Eingesperrt auf einem hochhausähnlichen – zugegeben superschicken – Kreuzfahrtschiff, umringt von Menschenansammlungen, die ihresgleichen suchten.

„Zweibeiner … die wissen ja nicht, mit wem sie es zu tun haben: Supercops und in Fachkreisen *‚das Meisterduo‘* genannt.“

„Du musst mir aber auch nicht überall hinterhergekrochen kommen“, murrte el Brownie.

„Pah … hätte ich das nicht getan, wären wir unweigerlich getrennt worden, zwischen uns die Weltmeere. Wäre dir das etwa lieber gewesen?! Und was, bitte schön, hättest du ohne mich – *the brain* – angefangen?“

„Ich glaub’s ja wohl nicht! Wer ebnet dir denn die entsprechenden Vorlagen, wer bringt dich stets auf brillante Ideen, na ja, gute Eingebungen reicht an Lobeshymne … Das, mein Lieber, ist mein Verdienst!“

„Du hast wohl noch nicht gefrühstückt … Angeber!“

„Selber!“

Und schon drehten sie einander das jeweils gut gepolsterte Hinterteil zu und schmollten, jeder für sich, in einem der geräumigen Beiboote, das seit Beginn der unfreiwilligen Reise als Unterschlupf diente. *Eine bisweilen ausweglose Lage, in die sie sich gebracht hatten. Da waren gute Laune und freundschaftliche Einigkeit Nebensache …*

Nach einer Weile taute das Brudereis.

„Wer macht sich nun auf den Weg, etwas Essbares zu organisieren?“

„Immer der, der fragt“, antwortete del Silver arrogant überzogen.
„Das war klar! *Verhungern* würdest du ohne mich ... du vierpfotige Intelligenzbestie.“
„Genie reicht völlig.“

Durchdachte Strategien waren nötig, um nicht aufzufliegen. Es hatte Vorteile, del Silver heimlich bei seiner Lieblingsbeschäftigung „Yoga für Vollprofis“ zuzuschauen. Nicht allein der Lachanfälle wegen, die el Brownie unweigerlich jedes Mal beim bloßen Hinsehen überkamen. Die Platt-wie-eine-Wanze-Übung, die exakte Bezeichnung kannte el Brownie nicht. Er verpasste der Streck- und Dehnübung kurzerhand einen neuen Namen. Also die Wanzenübung, kleinere Detailänderungen inbegriffen, ergab Sinn, wenn ein blinder Passagier von A nach B wollte.

Wie die Tage zuvor, lauerte el Brownie in der Nähe der riesigen Bordküche auf Abfälle, in jeder Hinsicht schmackhaft und Magen füllend! Dort herrschte ein strenges Regiment. Adrett gekleidete Boys tänzelten wie einstudierte Knaben eines Ballettensembles geschickt aneinander vorbei, silbern glänzende Tabletts auf den Händen balancierend. Einer der Küchenjungen war dem in jeder Hinsicht perfektionistisch angetriebenen französischen Dreisternekoch von jeher ein Dorn im Auge. Die schwimmende Kocharena oblag allein seiner Regie.

„Hey Jimmy, vite, vite, hier spielt die Orgel. Mon Dieu ... Wird’s heute noch was?“

Dank der Ungeschicklichkeit des smarten Küchenjungen fiel immer etwas ab für die beiden Superhelden. El Brownie hatte schnell in Erfahrung gebracht, wann der bedauernswerte Kochsklave Dienst hatte. Auch Elsa, die kleine pummelige Abwaschhilfe mit den lustigen blauen Augen und dem wie eine dicke Brezel geflochtenen Zopf, die stets davon träumte, auf eben einem solchen Luxusliner geradewegs in den siebten Himmel zu schippern, war nicht weniger ungeschickt, und so landeten Essensreste oftmals nicht ausschließlich in dem überdimensional großen Abfalleimer am Ende der Riesenchromspüle. Das fiel nicht weiter auf, wenn el Brownie in der Nähe war, ruck, zuck schoss eine seiner wendigen Pfoten hervor und schnappte danach. Die Geschäftigkeit in der Megaküche lieferte den Schutz, den es brauchte, nicht entlarvt zu werden. Jeder neuer Versuch, an Nahrung zu gelangen, glich einem waghalsigen Abenteuer, dessen Ausgang ungewiss war. Derartige Unternehmungen sorgten zeitweise für heftige Adrenalinstöße bei dem Schokobraunen. Del Silver hatte ja keine Ahnung, was *ER* tagtäglich vollbrachte. „Welchen Nutzen hat der pfiffigste Kopf, wenn der Rest nicht in die Gänge kommt", dachte er zähneknirschend. Er selbst verfügte schließlich über beides: Geist und Geschicklichkeit. Der reinste Segen, ihn als verlässlichen Partner an der Seite zu haben. Na ja, auch er profitierte gelegentlich von seinem Gegenüber; das zu leugnen, wäre schier unfair. Alles im allem waren sie schon eine brillante Konstellation, keine Frage!

„Auf den Punkt gebratene Garnelen an knusprigen Kartoffelscheiben ... hm ... wie lecker! Ach Brownie, du bist genial ... *futtertechnisch ...*", setzte del Silver kleinlaut nach.

„Ich weiß, Genialität steckt mir im Blut, das habe ich von meinem Großvater mütterlicherseits, der sich einst als Meisterjäger im Dorf und in der Umgebung einen Namen machte. Über zahlreiche Felder hinaus war el Zotto ein Begriff!"

„Wer hat dir das denn geflüstert?"

„Meine Mutter Solofee hat es mir einst selbst erzählt, als ich noch schutzbedürftig an ihren Zitzen saugte."

„Ich vermute, dein Erinnerungsvermögen spielt dir einen Streich", spottete del Silver.

„Du musst nicht neidisch sein, nur weil ich weiß, welcher Eliteeinheit ich abstamme." Triumphierend stellte er den hübschen, schokobraunen Katerkopf zur Schau und die orangefarbenen Augen blitzten vor Stolz.

„Ach, Brownie, ich brauche keine Ahnengalerie, um zu wissen, das einst grandiose Gene mein Blut infizierten! Aber genug der Lobhudelei, lass uns besser überlegen, wie wir weiter vorgehen." Insgeheim löste die Tatsache, nicht zu wissen, von wem er abstammte, verraten, verkauft und irgendwo in der Wildnis ausgesetzt worden zu sein, ohne jegliche Anleitung und Schutz, eine gewisse Wehmut bei del Silver aus. Aber für sentimentale Ausbrüche hatte er nichts übrig, das entsprach nicht seinem Naturell. Er ließ sich lieber von fähigen grauen Zellen leiten als von einem rührseligen Herzen. Und was änderte es schon? Er würde wohl nie erfahren, wer seine Eltern waren, ob er Geschwister hatte und überhaupt. Sinnlos investierte Zeit, darüber nachzusinnen.

„Ich habe keinen Schimmer, wohin die Reise geht. Wir sollten uns auf den nächsten Landgang konzentrieren."

„Ja genau, das ist auch meine Überlegung", ergänzte del Silver, noch in Gedanken versunken.

„Du weißt, wie ich zu dem nassen Blau stehe. Weltmeere entfachen pure Hysterie bei mir, wenn ich ehrlich bin. Ich garantiere für nichts, wenn wir hier noch länger festsitzen", wetterte el Brownie.

„Keine Sorge, ich bin ebenso daran interessiert, wieder festen Boden unter den Pfoten zu spüren. Außerdem langweilt es mich zu Tode, den lieben langen Tag mit Ausruhen, Fressen und Schlafen auszufüllen, wie öde ..."

„Du hast etwas Entscheidendes vergessen ..."

„Was denn?"

„Yoga für Schwachsinnige."

„Ach Brownie, wenn du nur ansatzweise eine Ahnung hättest, welch irrsinnige Entspannung das ausgefeilte Yogaprogramm im Inneren meines stets auf Volldampf ausgerichteten Superhirns bewirkt, du würdest auf die Sekunde genau damit anfangen ..."

„Der eine braucht mentale Unterstützung, bei dem anderen klappt es ganz ohne weiteres Zutun. Das, mein Lieber, ist der Unterschied zwischen genial und megagenial."

Vierundzwanzig Stunden später, es war schon weit nach Mitternacht, hörte del Silver ein lautes Wortgeplänkel. „Ey Brownie, hörst du das auch? Hallo *Brownie* ... Aufwachen!"

„Was? Wann? Wo?" El Brownie sprang mit einem gekonnten Satz auf seine strammen, wendigen Pfoten und war sogleich in Lauerstellung.

„Dir werde ich es zeigen, du alte Schlampe", schrie eine bedrohliche Männerstimme.

„Fass mich nicht an, du Versager", lallte die Stimme, der das Schimpfwort galt.

„Ach, mach doch, was du willst, du besoffenes Stück. Am besten du beugst dich kopfüber und stürzt in die Fluten. Dann bin ich dich endlich los und kann mir mit deiner Hinterlassenschaft in Gesellschaft blutjunger Schönheiten ein prima Leben machen."

„Geld ist nicht alles, Viktor. Da unten läuft doch nichts mehr, nicht einmal, wenn du die blauen, runden Dinger in Serie schluckst. Tote Hose, Strom abgedreht, finito!"

„Bei einer Fregatte wie dir hat selbst der stärkste Adonis Probleme im Schritt. Welkes Fleisch törnt dermaßen ab, Sweetheart. Ich hab's, ich lach mir gleich an der Bar 'ne dralle Blonde an. Bring du dein schlaffes Fleisch in die Waagerechte und fang an zu schnarchen. Wie übrigens jede Nacht, nicht auszuhalten ist das, du brummende alte Kröte."

„Du bist doch derjenige, der ganze Wälder absägt mit deinem langen, krummen Säbel, dem buschige Haarreihen aus jeder Öffnung wachsen, denen du alsbald Zöpfe flechten kannst, wenn das so weitergeht. Einfaltspinsel!"

„Ach ... leck mich doch!“ Der Mann drehte der schwankenden Frau an der Reling den Rücken zu und ging Richtung Amüsiermeile.

„Blödes Arschloch“, fluchte die auf schwachen Füßen stehende Frau mittleren Alters. Verloren und tieftraurig sah sie aufs schwarze, bedrohliche Meer hinaus. Sie spielte mit dem Gedanken, in den Tiefen der See abzutauchen ... für immer ...

„Oje ... hoffentlich besinnt sie sich ... Ich glaube, wir müssen eingreifen ...“

„Sie tut es nicht! Wollen wir wetten?“ Del Silver reagierte überlegt und nüchtern. Er behielt in jeder noch so heiklen Situation die Nerven. Das war schon beachtlich.

„Vielleicht haben die abgedrehten Verrenkungen doch einen mentalen Einfluss ...?“, überlegte el Brownie. „Dich bringt aber auch nichts aus der Fassung, was?“

„Nein, nicht wirklich ...“

Der kurze Moment, der die norwegische Reedereibesitzerin Adele Swentjes schwanken ließ, ging so schnell vorüber, wie er gekommen war. Sie richtete das kostspielige mitternachtsblaue Satinabendkleid und ging erhobenen Hauptes, einigermaßen in der Spur, in Richtung Luxuskabine, eine der extravagant eingerichteten Behausungen an Bord.

„Da brodelt es mächtig unter der Haube ...“

„Ja, bei beiden! Reinstes Dynamit, kurz vorm Explodieren“, mutmaßte del Silver.

„Kennst du das Sprichwort: ‚In der Nacht sind alle Katzen grau‘? Ein selten blödes, wie ich finde, aber irgendwie auch treffend. Bei Tageslicht denkt jeder: Welch ein reizendes Pärchen. Er rückt der Gattin im Speisesaal den Stuhl zurecht, legt fürsorglich ein Badehandtuch auf den reservierten Liegestuhl und überreicht ungefragt einen gekühlten Martini, noch ehe die Frau an seiner Seite den geheimen Wunsch, einen kippen zu wollen, laut ausspricht. Schauspieler, allesamt!“

„Du sagst es, Brownie. Mir graut schon vor dem morgendlichen Treiben an Deck, Dauergeschnatter, Arschbomben im Pool und dämliches Gekicher ... – die reinste Folter.“

„Ja, sehe ich ähnlich.“

„Mr. und Mrs. Beaumer, darf ich nochmals an den geplanten, erstklassigen Ausflug erinnern? Der nächste Stopp ist auf einer dieser wunderschönen Inseln, in Kennerkreisen ‚Love Land‘ genannt Ein einmaliges Erlebnis. Das dürfen Sie sich nicht entgehen lassen.“

„Eine Frage, Mrs. Smith, wann legen wir eigentlich am Hafen an?“

„In sechs Tagen, Mr. Beaumer. Der angepriesene Ausflug wäre somit für Sie der letzte auf diesem Schiff.“

„Oh Lou, wollen wir?“

„Darling, wollen nur zu gerne, aber du weißt ja, meine Arthroseschmerzen in den Füßen nehmen von Tag zu Tag zu. Ich weiß nicht, ob ich das aushalte, Cassandra.“

„Wann genau müssen wir startklar sein, Mrs. Smith?“

„Übermorgen um 10.00 Uhr, nach einem ausgiebigen Frühstück.“

„Und wann sind wir wieder an Bord?“

„Voraussichtlich gegen 19.00 Uhr, also rechtzeitig zum Abendbüfett, Mr. Beaumer. In Ihrer Kabine finden Sie einen Flyer des Ausfluges, in dem alles genau beschrieben steht. Ihre Zusage benötige ich spätestens heute Abend.“

„Gut, Mrs. Smith, wir überlegen noch und melden uns rechtzeitig.“

„Gerne. Mrs. Beaumer, Mr. Beaumer, einen schönen Tag für Sie.

Falls es Ihnen an Deck zu heiß werden sollte, im gut temperierten Capitol spielt heute ein Film mit Fred Astaire und Ginger Rogers. Wie heißt er doch gleich ...? ‚Shall We Dance', glaube ich ... Hinreißende Tanzeinlagen, ein Glanzstück der Filmgeschichte, na ja, tanztechnisch gesehen ..."

„Oh, very nice, den kenne ich, ein toller Film. Welches der drei Kinos ist das, Lady? Hier verläuft man sich ja ..."

„Das stimmt. Das Capitol ist das kleinste der Cinemas, es ist direkt neben der Edelboutique *Soloange* zu finden. Sie brauchen nur der Beschilderung an Deck zu folgen. Wenn Sie mögen, begleite ich Sie gerne dorthin."

„Wie lieb, danke, nein, das schaffen wir schon. Mrs. Beaumer lächelte in einer Weise, die Humor und Größe verriet. „Wann beginnt der Film?"

„Einen kleinen Moment, ich schaue gerade einmal nach ... Um 14.00 Uhr ist die erste Vorstellung, um 20.00 Uhr die letzte. Sie können es sich ja noch überlegen."

„Das machen wir, well, thanks a lot, Mrs. Smith."

„Don't mention it."

„Dieses reizende Ehepaar zum Beispiel, die sind echt. Da schätzt einer den anderen wert."

„Ja, Brownie, das sehe ich auch so. Reizend die beiden, wirklich reizend. Komm bloß nicht auf die Idee, die sympathischen Herrschaften auf dem eventuellen Landgang begleiten zu wollen. Inselfeeling brauchen wir nicht. Auf inselähnlichem Gebiet befinden wir uns seit fast drei Wochen, wenn ich zeitlich richtig liege."

„Ne, kein Bedarf. Ich dachte, wir gehen in Manhattan von Bord."

„Genau mein Gedanke. Kannst du hellsehen, Brownie?"

„Wer weiß ..."

„Oje … das war knapp …“

„Da bist du ja endlich! Mir hängt die Zunge gefühlt bis zur Schwanzspitze, mein Magen hat mittlerweile ein Eigenleben entwickelt, er hängt schlaff herunter und scheuert unfreiwillig den Schiffsboden blank. Da hilft auch kein Yoga. Ich fühle mich schon ganz elend.“

„Na, übertreib mal nicht. Siehst doch noch ganz fit aus.“

„Das täuscht, Brownie. *Und wie das täuscht …*“

„Mann, gut, dass ich die Kurve gekriegt habe. War – wie gesagt – kurz vor knapp.“

„Was ist passiert?“

„Die hätten mich beinah erwischt!“

„Wer …?“

„Monsieur David, der Dreisternekoch, ein Pingelheini in Person.“

„Erzähl …“

„Also: Ich strecke meine grazile Pfote nach einer noch gut gepolsterten Fischgräte aus und Mr. Kochlöffel fängt wie verrückt an zu schreien. Eine Ratte … Mon Dieu, eine Ratte … ihr nach …“ Ich konnte mich gerade soeben unter einem der Küchenschränke verstecken. Platt wie ’ne Flunder lag ich da. Sah einer deiner Yogafiguren verdammt ähnlich. Vielleicht war es tatsächlich eine, in Perfektion ausgeführt, mit Luft anhalten und so …“

„Ja, und dann?“

„Das Kochmützenoberhaupt, Jimmy, der Küchenjunge, und zwei andere Irre rannten wie aufgezogen im Kreis herum, bis die blitzgescheite Bordschönheit, Mrs. Smith, Einhalt gebot. Sie fragte charmant nach, ob das ein Spiel sei und ob sie mitspielen dürfe. Das war ironisch gemeint, klang aber unfassbar sweet, trotz wahnwitziger Showeinlage der Kochcrew. Die hat Beine, ellenlang und wohlgeformt, ein Träumchen … Das ist dem männlichen Bordpersonal nicht entgangen. Beauty Smithy wird mächtig umgarnt, angefangen vom Captain bis hin zum Kofferträger. Die könnte, wenn sie wollte … Donner und Doria!“

„Du und die Weiber … Wie ging es küchentechnisch weiter?“

„Jimmy war es, der rumstotterte, er habe einen Ring auf dem Tablett entdeckt, der auf die Küchenfliesen gefallen sei. Er und die anderen wollten danach suchen. Letztendlich wäre es nur ein Serviettenring gewesen. Bella Smithy glaubte kein einziges Wort, flötete stattdessen: „Na, dann … Meine Herren, der Herd wartet mit Feuereifer auf Sie!“ „Oui, Madame … Vite, vite, an die Arbeit.“ Mittlerweile führte Monsieur David Selbstgespräche. ‚Un rat … pas dans ma cuisine … nicht in meiner Küche … Non …! Non! Non!‘

Als die Luft wieder rein war, bin ich aus meinem unfreiwilligen Versteck gekrochen und rekordverdächtig davongerannt. Irgendeiner der weiblichen Passagiere meinte kopfschüttelnd: ‚Bernhard, ich könnte schwören, gerade eben ’ne olle Katze gesehen zu haben.‘

‚Das ist die Hitze, Hiltrud. Bei 35 Grad im Schatten bekommt man Halluzinationen.‘

‚Ja, wahrscheinlich …‘

„Du erwähntest vorhin einen Fischkadaver … Kann ich den mal begutachten?“

„Du meinst, du willst ihn fressen?“

„Na ja, wenn nichts anderes da ist …“

„Hm … den habe ich vor Aufregung in mein Maul gesteckt und nervös darauf herumgebissen, bis er in Einzelteile zerlegt in meinem Magen landete. Big Sorry, Kumpel.“

„Du elender Vielfraß! Dann muss ich wohl selbst auf Nahrungssuche gehen. Ich schiebe unglaublichen Kohldampf …“

„Du bist nicht wendig genug, Silver. Lass mich mal überlegen … Auf dem Speed zu dir lag ein halb zertretener Döner am Wegesrand. Vielleicht kann der dich vor dem Hungertod bewahren.“

„Na lauf schon los und schwing keine selbstherrlichen Reden.“

„Du könntest mich charmanter darum bitten!“ El Brownie schmollte und erwartete eine Art Anerkennung seiner Beinah-Bemühungen.

„Brownie, mein Bester, würdest du mir die unverdiente Güte erteilen und den elenden Döner ranschaffen?“ Del Silvers Blick sah ein klein wenig angespannt aus. Es war einer jener Blicke, die unmissverständlich klarmachten, dass ein Donnerwetter droht, wenn der Anordnung keine Taten folgen.

„Bleib geschmeidig, bin schon auf dem Weg.“

Eine Stunde später saß das Meisterduo in aller Selenruhe nebeneinander und leckte selbstzufrieden am jeweiligen Schnäuzchen.

„Ich wusste gar nicht, dass Döner so vortrefflich munden. Ein kaiserliches Mahl.“

„Ja, hier an Bord wird jedes Gericht mit Raffinesse zubereitet. Achmed ist ein Spitzenkoch aus der argentinisch/marokkanischen Kochparzelle, bisher ohne Stern, unverständlicherweise, na ja, er ist blutjung und steht erst am Anfang seiner Karriere. Ich prophezeie eine steile Laufbahn. Seine Döner, auch Schawarma genannt, sind bereits legendär, genauso wie die aufwendigen, wie ein edles Gemälde angerichteten Gerichte. Ein Meister der fernöstlichen Küche. Abgeräumte Teller sehen aus, als habe der Gast mindestens dreimal drübergeleckt, blitzblank. Die Fressunterlagen einiger Osteuropäer eher nicht, da kleben oft Reste am Tellerrand. Megagierig bestellen die Haudraufriesen eine Portion nach der anderen, obwohl partout nichts mehr reinwill in den Monstermagen. Nicht angenehm für Achmed, der in ständiger Konkurrenz mit den beiden anderen Kochgurus steht. Der Spaghettisultan auf der gegenüberliegenden Seite, der sein Handwerk bei *La Mama* gelernt und später perfektioniert hat, hat bisher zwei Sterne erkocht. Ich selbst stehe auf feine, altbewährte italienische Kochkunst, wie Don Marchello sie beherrscht. Das französische Dreisterne-Kochgenie ignoriert beide rigoros. Wie die meisten Franzosen ist Monsieur David megaselbstbewusst. Aufgewachsen in der Bronx, als fünftes Kind französischer Einwanderer, glaubte er stets an sein Talent und entwickelte megakreative Ideen. Die Franzenküche ist eine der besten der Welt, unumstritten. Kampf der internationalen Kochlöffelträger auf einem der größten Luxusliner der Welt. Wow, und wir mittendrin ..."

„Woher weißt du das alles?"

„Ich schnappe hier etwas auf und dort etwas. Ich spitze halt meine bravourös funktionierenden, wunderschönen Schokoladenohren."

„Meine Anerkennung: Das hast du echt drauf, Brownie, du journalistisch getunter, stets perfekt informierter Pfotenträger. Ich habe eine Bitte an dich."

„Die da wäre?"

„Ich möchte nachher eine neue Übung ausprobieren, bei der – nun ja – Totenstille angedacht ist. Nein, nicht Tote, nur Stille ... Absolute Stille, ohne nervöse Zappeleinlagen, verstehst du?"

„Na hör mal, gehöre ich in deinen Augen etwa zur Zappelliga? Eine Frechheit!"

„Ach Brownie, sei nicht töricht. Du weißt doch, pure Konzentration macht einen entscheidenden Teil meiner kreativen Übungen aus."

„Ich verziehe mich liebend gern. Wer will dein Knochendehntrauma schon miterleben? Ne, Kumpel, da hab ich wahrlich Besseres zu tun, als mir dieses Trauerspiel zu geben."

„Du nennst Perfektion am Körper ein Trauerspiel? Du machst Witze! Manche sehen es sogar als Kunst an, die Kunst der Körperbeherrschung in Vollendung."

„Ja genau, und manche bist allein du, du Turnhosenprofi."

„Vollprofi wolltest du sagen, das lasse ich gelten. Den Rest habe ich per Knopfdruck auf der Matrix gelöscht. So schnell gerät das, was du zu sagen hast, in Vergessenheit. Schwupp und weg."

„Von mir aus. Hauptsache ich kann mich daran erinnern, was ich zum Besten gebe. Wann soll ich mich verziehen, Meister?"

„Meister ist gut, gefällt mir ... Äh, so gegen Mitternacht."

„Bist du spirituell unterwegs oder warum zur Geisterstunde?"

„Keine Sorge. Zu dieser Uhrzeit ist es am ruhigsten an Deck. Da hocken die Zweibeiner an der Bar, schwingen das Tanzbein oder träumen im komfortablen Kajütenbett."

„Verstehe. Geht klar, Mann."

Del Silver war hoch motiviert und vor allem perfekt konzentriert bei der Sache. Es gelang ihm fast auf Anhieb, die Hinterbeine kreuzüber, im rechten Winkel ausgerichtet, den Kopf links eingedreht, das Kinn angehoben, auf einer Pfote Balance zu halten, während die andere geneigt war, den Sternenhimmel aufzumischen. In dieser doch recht komplexen Lage hörte er mit einem Mal ein Wimmern, dann eine Stimme, die ihm bekannt vorkam. Eine Männerstimme knurrte: „So, nun kannst du jammern, wie du willst. Es hört dich sowieso niemand."

Del Silvers kriminalistischer Spürsinn war sogleich angeknipst. Bedauerlich, sein neu einstudiertes Yogamodell fiel in sich zusammen wie in Öl getauchte Zuckerwatte! Eiligst versuchte er, die gnadenlos verengten Pfoten zu entwirren, um den Tatort zu inspizieren. Von Weitem sah er den Mann der Reedereibesitzerin, der die strampelnde Frau kopfüber in die Fluten schicken wollte. Ein unsanft im Mund deponierter Seidenschal, *der eigene,* hinderte die Gepeinigte daran, laut loszuschreien. Der Hüne setzte an, die Frau brutal zu stoßen. Er hatte jedoch nicht mit dem Einsatz von vier Pfoten gerechnet. Wild entschlossen sprang el Brownie dem Fiesling ins Kreuz, fuhr die Krallen aus und attackierte den wutentfesselten, entschlossenen Mann. Ein Kampf begann – ein Kampf zwischen Gut und Böse. Die erschrockene, nach Luft japsende Frau trat einige Schritte beiseite und verfolgte mit schreckerfüllten Augen, wie der Mann, der ihr einst ewige Liebe schwor und der kurz zuvor ohne Zögern bereit gewesen war, sie dem dunklen Ozean zu überlassen, mit einem Tier kämpfte. Nicht zu fassen: Eine simple Katze hielt einen Bär von einem Mann in Schach! El Brownie merkte nicht, dass er gefährlich klingende Laute von sich gab bei jedem seiner Krallenhiebe. Der Mann schrie vor Schmerzen. Nun fing die Frau erneut zu wimmern an: „So helft doch …“ Ihrem Mann galt der Aufruf nicht.

Oh nein! Der fauchenden Katze auf dem Rücken des Tobsüchtigen sollte Beistand geleistet werden. Der Mann versuchte mit aller Gewalt, den Ballast, den seine bulligen Schultern trugen, loszuwerden. Eine der groben Hände griff nach el Brownie, der in letzter Sekunde nur einen Ausweg sah: abwärtszuspringen …

„Mein Lebensretter …!“ Die Frau schrie hysterisch auf.

Der Mann stand völlig verwirrt an der Reling und starrte wie vom Wahnsinn gepackt ins dunkle Nass.

In dem höllischen Trubel hatte sich del Silver lautlos herangepirscht.

„Oh Gott, nein … Brownie … Brownie!!!“, wehklagte er. *„BROWNIE …!!!!“*

Das Gerangel an Deck blieb nicht unbemerkt. Ein blutjunges Pärchen, dessen eigentliche Absicht es gewesen war, unter einem fantastischen Sternenhimmel glühende Zärtlichkeiten auszutauschen, hörte den fluchenden Mann. Ohne lange zu überlegen, holte der Romeo des Abends – wenngleich leicht angesäuert – Hilfe. Eben noch feiernde Passagiere standen benommen beieinander und verfolgten das Szenarium, das sich ihnen bot. Der 1. Stuart befragte zunächst die Frau und anschließend den Mann. Zwei Aussagen, die nicht unterschiedlicher hätten ausfallen können. Das junge Paar, dessen Stelldichein im Detail nicht stattgefunden hatte, bestätigte die Ausführung der Reedereibesitzerin.

„Eine Katze hat mein Leben gerettet“, stotterte Mrs. Swentjes, ihr Blick war voller Dankbarkeit.

Alle Augen waren auf del Silver gerichtet, der regungslos dastand, unfähig, irgendetwas zu tun. Seine Gedanken galten el Brownie, den allem Anschein nach die Fluten fortgerissen haben. Er, der panische Angst vor Wasser hatte, kam darin um ... Ein furchtbarer Gedanke ...!!

In der Dunkelheit fiel Mrs. Swentjes nicht auf, dass nicht die vor ihr hockende, apathisch wirkende Katze der Held des Geschehens gewesen war.

In jedem anderen Fall wäre del Silver längst auf der Flucht. Bis ins Mark getroffen, entlarvt, zum allerersten Mal kopflos und ohne seinen geliebten Partner starrte er wie in Trance versetzt in die Tiefe ...

Das Ehepaar Beaumer, vor allem Mrs. Beaumer, eine Katzennärrin, war tief berührt. Katzen, welch fantastische Tiere! Helden sind sie, dass wusste sie längst.

„Ach Lou, ist das nicht ein bildschöner Tiger, sein Fell, so geschmeidig und silbrig glänzend. Das ist keine normale Straßenkatze, das ist ein Kartäuser, edelste Rasse.“

Auf den skrupellosen Mr. Swentjes wartete ein eisiges Verhör an Land. Der Versuch des kaltblütigen Mordes war ein schwerwiegendes Delikt. Es folgten weitere. In seinem Koffer war eine Pistole deponiert und jede Menge – eigenen Bedürfnissen geschuldet – Aufputschmittel. Er wurde in Gewahrsam genommen. Auch die Reedereibesitzerin durfte die Reise nicht fortsetzen. Sie sollte der Polizei vor Ort zur Verfügung stehen. Nach den bitteren Erfahrungen der vergangenen Tage und Nächte und erst recht nach dem ihr geltenen Mordanschlag war sie mehr als bereit, die Scheidung einzureichen. Wie gut, dass ein seinerzeit geschlossener Ehevertrag das Vermögen schützte. Im Falle eines tödlichen Unfalls hingegen hätte ihr (Noch-)Ehemann Milliarden geerbt.

Mrs. Swentjes versäumte nicht, ihrem vornehmlichen Retter Lebewohl zu sagen. „Takk vennen min“ (Vielen Dank, mein Freund). Ihr wäre es lieb gewesen, das mutige Kätzchen gleich vom Fleck weg zu adoptieren. Wegen der bevorstehenden Unannehmlichkeiten sah sie keine Möglichkeit, das Tier an sich zu nehmen. Vielleicht zu einem späteren Zeitpunkt. Der Gedanke gefiel ihr. Zunächst hinterließ sie einen beachtlichen Scheck, welcher der Katze jegliche Annehmlichkeiten bereiten sollte.

Del Silver durfte an Bord bleiben, ihm wurde ein großzügiger, überaus bequemer Platz zugewiesen. Der Captain selbst nahm sich seiner an; er mochte Katzen, durfte als kleiner Junge mit einer aufwachsen. Derartige Aufregungen hatte es auf den bisherigen Touren nie gegeben. Mordanschläge und blinde Passagiere standen nicht auf der Tagesordnung! Dass die Crew seit Beginn der Reise zwei unbezwingbare Meisterdetektive an Bord beherbergte, ahnte niemand. Unbezwingbar war nunmehr der falsche Ausdruck. Einen von beiden hatte es erwischt. Nach all den Jahren ...

Del Silver war nicht in der Lage, einen klaren Gedanken zu fassen. El Brownie fehlte ihm unsagbar! Er hätte freundlicher mit ihm umgehen, ihn mehr loben sollen ...

Oft genug hatte er dem Schokobraunen die Drecksarbeit überlassen. Oh Gott, nein! Das durfte doch alles nicht wahr sein ...!!

Der Captain sorgte sich um den bildhübschen silbergrauen Kater, der angeschlagen wirkte und der die ihm dargereichten Köstlichkeiten kaum anrührte. Ein Tierarzt sollte herausfinden, ob der Katze etwas fehlte. Glücklicherweise waren gleich zwei der Zunft an Bord, die sich darum rissen, behilflich zu sein. Vorsichtshalber holte der Captain den Rat beider Veterinäre ein. Nacheinander untersuchten sie das Tier und bescheinigten unabhängig voneinander, dass der Kater einen gesunden Eindruck mache. Das apathische Verhalten fiele auf das nächtliche Spektakel zurück. Anhand spezieller Blutwerte wäre eine genauere Diagnose möglich.

„Ach Charlie", so nannte der Captain del Silver, „das war alles ein bisschen viel an Aufregung. Nun kannst du dich erholen. Ich bin jedenfalls mächtig stolz auf dich. Mutig und waghalsig wie ein Tiger hast du den Schurken attackiert und eine Tragödie verhindert." Verstohlen kraulte er del Silvers seidiges Fell. Den Kopf peinlich berührt unter die Pfoten geklemmt, ließ – *the brain* – es geschehen. Er hatte Trost bitter nötig!

Der Captain sprach in sanfter Tonart mit der traurig dasitzenden Katze.

„Lieber Charlie ... die Sache ist die ... äh ... ein blinder Passagier, noch dazu eine Katze ... Da ist äußerste Verschwiegenheit angezeigt ..."

... ein heimtückischer Mordanschlag auf der St. Swentjes II, der verhindert werden konnte ... Nur dem Einsatz einer mutigen, bisswütigen Katze, die bis dato als blinder Passagier ihr Dasein fristete, habe die steinreiche Reedereibesitzerin und Eigentümerin des Luxusliners, der nach brandneuer Bauart als Vorzeigeschiff in See stach, ihr Leben zu verdanken, hieß es.

Die Presse hatte über Nacht eine einträgliche Schlagzeile. Berichte und Fotos gingen um die Welt. Del Silver war in aller Munde. Das war nicht in seinem Interesse. Nun gut, das abgebildete Foto war gelungen, keine Frage. Formvollendet, silbrig schimmernd prangerte ein edler Katerkopf auf den Titelseiten renommierter Zeitungen. Zu welchem Preis! Unverdient hatte er jegliche Aufmerksamkeit auf sich gezogen. Wenn es Werbung in eigener Sache gewesen wäre, also kriminalistische Zielstrebigkeit – wie großartig. Aber so ... ein einziges Desaster. Der Held der Tragödie war ein anderer ...

Der nächtliche Anschlag kurbelte die Werbetrommel des Luxusliners an. Unmengen an Vorreservierungen gingen ein. Unbezahlbar, die Publicity! Da war sich das Management einmal einig.

An Bord gab es nur ein Thema! Beinah jeder der Passagiere wollte den nunmehr berühmten Kater begutachten, ihn streicheln oder wenigstens kurz anfassen ... Menschen sind komische Wesen. Selbst diejenigen, die Tiere, vor allem Katzen, normalerweise nicht ausstehen können, sind vier Pfoten in so einem Fall auf einmal rührselig zugetan.

„Hallo Mrs. Smith, was macht unser Held? Wie wird mit ihm verfahren nach Ende der Reise?" Mrs. Beaumer zeigte großes Interesse an der mittlerweile berühmten Katze.

„Hm ... ja ... Die Katze kommt in ein Tierheim. Wir werden eine überaus behagliche Unterkunft suchen; schon im Interesse der Reedereibesitzerin."

„Oh nein! Bitte kein Tierheim! Der mutige Kater hat ein liebevolles Zuhause verdient. Mein Mann und ich wollen uns seiner annehmen."

„Ach ... Das muss ich mit dem Captain besprechen, Mrs. Beaumer. Warum eigentlich nicht? Das wäre tatsächlich die beste Lösung. Nach gründlicher Untersuchung deutet nichts auf eine Krankheit hin."

„Darf ich zu ihm?"

„Jeder will das ... Einen derartigen Trubel ist das Tier nicht gewohnt. Zum Wohle des Tieres hat der Captain jegliche Besuche untersagt."

„Oh, wie schade. Ich würde so gern ein wenig Zeit mit ihm verbringen. Mit Katzen kenne ich mich aus. Ich bin eine kolossale Liebhaberin aller Samtpfoten, mein Mann übrigens auch. Mir ist daran gelegen, das Wesen des Katers zu ergründen. Wenn wir ihn zu uns nehmen, muss es schon passen ..."

„Ja sicher. Ich werde mit dem Captain sprechen."

„Tun Sie das. Bitte legen Sie ein gutes Wort für uns ein!"

„I'll keep my fingers crossed for you, Mrs. Beaumer!"

„Many thanks, Mrs. Smith."

„Wenn ich bloß aus der Luxushütte rauskäme", dachte del Silver. Er hatte es oft genug versucht ... Aber was würde das ändern? „*ER* ist nicht mehr ... Ich bin allein!

Am besten, ich folge ihm nach ... Was hat das Leben noch für einen Sinn ...?"

Del Silver spürte pure Verzweiflung und weinte auf Katzenart. Ungewohnt, das unbarmherzige Gefühlschaos in seinem Herzen. Nicht wiederzuerkennen war er. Ein anderer, von jetzt auf gleich. Zu nichts zu gebrauchen, apathisch, wehleidig und gnadenlos unglücklich ...!

„Na, Cassy, wie geht's dem Kleinen? Dürfen wir ihn zu uns nehmen?"

„Wir müssen abwarten, Lou. So einfach ist es nicht. Mrs. Smith meinte zwar, dass es für das Tier allemal besser sei, in einer liebevollen Umgebung untergebracht zu sein statt in einem unpersönlichen Tierheim. Letztendlich entscheidet aber der Captain, sicher in Absprache mit Mrs. Swentjes."

„Hast du den mutigen Kater sehen dürfen, Cassy?"

„Leider nicht, Besuch ist untersagt. Er braucht Ruhe nach alledem. Mrs. Smith will Partei für uns ergreifen. Ach Lou, ich hätte so gerne wieder ein schnurrendes Wesen um mich. Nachdem Anfang des Jahres nun auch der letzte unserer Tiger von uns gegangen ist, ist unser Heim freudlos und leer ..."

„Das wird schon. Ich habe ein gutes Gefühl. Mrs. Swentjes könnte ihn jederzeit bei uns in New York besuchen, das wäre doch eine prima Idee, nicht?"

„Oh wonderful, Darling!"

Del Silver mochte die beiden älteren Herrschaften. Wie gesagt, ein reizendes Ehepaar. Brownie hätte es gefallen, in New York zu leben ... Was würde ihn wohl erwarten? Ein luxuriöses, wenngleich langweiliges Leben, vermutete er. Eigentlich war ihm gleichgültig, was mit ihm geschehen würde. Dennoch, ein Zuhause bei den Beaumers war einem Tierheimdasein in jedem Fall vorzuziehen! Er wollte sein Schicksal nicht beklagen.

Mit Tränen in den Augen verabschiedete die Schiffscrew die Beaumers und ihn, den angeblichen Helden. Del Silver hasste übertriebene Freundschaftsgebaren, Endlosverabschiedungen, gute Wünsche in Dauerschleife ...

Eine überdimensional große weiße Luxuslimousine, eine, die vornehmlich Stars (oder Millionären) vorbehalten war, stand in Reichweite. Der Fahrer hatte die Türen weit geöffnet und stand gelassen neben der Nobelkarosse. Gedankenverloren zog er ein Feuerzeug und eine Packung Zigarillos aus der Hosentasche, zündete eine der elegant aussehenden braunen Tabakstangen an und paffte kleine Kreise in die Luft.

Der schnauzbärtige Mann in Uniform genoss die kurze Pause vor der langen Fahrt bis zum Zielort. Er wartete geduldig auf die Beaumers nebst komfortabler Transportbox, in der del Silver festsaß, um sie nach Hause zu kutschieren – wo immer das sein mochte. *Surprise!*

„Oh Lou, ich bin überglücklich, dass wir einen solchen Schatz gefunden haben! Ist er nicht hinreißend? My sweetness. Charlie, I love you. Gutschi, gutschi, gutschi ..."

„Charlie! Ein selten bekloppter Name", dachte del Silver trotzig. Er, der höchstwahrscheinlich vom Adel abstammte ... Nun ja, ein letzter Rest Arroganz war geblieben.

Mit einem Mal ertönte ein greller Schrei!

„Oh my goodness! Lou, was ist das?"

Der Fahrer drosselte sogleich die Geschwindigkeit und hielt an der nächsten Straßenecke.

Unter dem Sitz, auf dem die Transportbox stand, bewegte sich etwas ...

Del Silver traute seinen Augen nicht. Eine Fata Morgana.

„Hi Silver, hast du wirklich geglaubt, ich lasse dich jemals irgendwohin alleine gehen ...?"

„Brownie!! Geliebter Kumpel! Kratz mich mal ... Ich glaube, ich träume!! Wo hast du nur all die Zeit gesteckt? Ich dachte, ich sehe dich nie mehr wieder", del Silvers Stimme klang tränenerstickt. „Ich glaubte, meinen allerbesten Freund an das wütende Meer verloren zu haben! Ach Brownie, dass ich dich wiederhabe!!!"

Er quetschte seine mittlerweile schmale Pfote durch das Gitter, um den geliebten Partner liebkosen zu können.

Auch die feurigsten Augen ever waren zu Tränen gerührt. Was für eine Überraschung! Der sonst so coole, toughe Tatzenträger – *the brain* – hatte Gefühle für ihn, riesengroße sogar. Er war geplättet!

„Cassy, wer ist das??" Mr. Beaumer starrte den Schokobraunen fassungslos und zugleich bewundernd an.

„Oh Lou, eine weitere Schönheit. Schau mal, wie die beiden sich ansehen. Das ist Liebe auf den ersten Blick! So crazy ... Ein Katzenpärchen, it's beautiful."

Ein Schlaraffenleben mitten in New York wartete auf das Meisterduo. Wow!

Nahe den Wolken, im 26. Stock einer Luxuspenthousewohnung mit Terrassenfeeling, ließ es sich aushalten. Cassy und Lou waren wunderbare Catsitter. Sie hatten wirklich ein Herz für Samtpfoten und liebten die vierpfotigen Mitbewohner abgöttisch. Der Schokobraune, dessen zahlreiche Wunden einen Heilungsprozess erfahren hatten, lebte ihrer Meinung nach auf der Straße und war unvoreingenommen in den Wagen gehüpft. Der anfängliche Irrtum, es handle sich um ein weibliches Exemplar, währte nicht lange. Mrs. Beaumer erbrachte kurz darauf den Beweis, einem weiteren Prachtkater Unterschlupf zu gewähren.

Die Zwangsadoptierten bewohnten eine 60 m2 große Fläche mit perfekt installierter Kletterlandschaft und kuscheligen Schmuseplätzen. Cremeweißes, superweiches Teddyfell überall auf den Schlummerliegen. Dreimal täglich servierten Lou oder Cassy Speisen vom Feinsten. Hm, lecker! Der abgemagerte Silbergraue, der nun idiotischerweise Charlie hieß, legte in Rekordzeit zu. Und el Brownie, nunmehr Beau genannt, schaffte sich ebenfalls verloren gegangene Pfunde mühelos drauf.

Fast ein Jahr später ...

„Ach Brownie, mein Bruder im Geiste (welche Auszeichnung!), bitte erzähl mir noch einmal, wie du dich in Sicherheit gebracht hast, nach dem beklagenswerten Sturz in die Tiefe."

Wieder und wieder forderte del Silver seinen alles geschätzten Partner auf, den Verlauf des schicksalhaften Abends zum Besten zu geben, den unheilvollen Moment, als el Brownie mehrere Etagen abwärts fiel und im äußersten Winkel einer Balkondachspalte, eben jener Luxussuite der Reedereibesitzerin *(Zufälle gibt es ...)*, sekundenlang bewusstlos liegen blieb und, trotz triefender Schürfwunden an Körper und Pfoten, überlebte ...

„Welch ein Segen, dass du nicht in den Tiefen des Meeres gelandet bist, das nämlich habe ich vermutet, nein, ich war mir sicher, auch weil ich ein Geräusch wahrnahm, als sei etwas mit voller Wucht ins Wasser geplumpst."

„Das war eine üppig bepflanzte Terrakottaschale, die im ewigen Meer versank. Ja, Glück gehabt, oh Mann! Ein Stückchen weiter und aus die Maus. Ich hatte eigentlich die Hoffnung, du suchst nach mir ..."

„Wie denn?!? Ich war eingesperrt und kurz vorm Durchdrehen, weil ich dich so unfassbar vermisst habe!"

El Brownie schmunzelte vielsagend.

„Lass das dämliche Grinsen ... Ja verdammt! Ich – *the brain* – habe dich vermisst, du elende, braune Pestbeule."

„Oh Gott, endlich ...!"

„Was meinst du?"

„Du bist wieder der Alte: ein arroganter, in sich selbst verliebter, herzlich verstimmter, herrlich gestörter Partner. Deine Softitour war nicht auszuhalten. Ich kann nichts anfangen mit einem weinerlichen, Hüftspeck ansetzenden Couch-Potato-Kater, der sich damit abgefunden hat, bis an sein Lebensende hoch oben an der East Upper Westside mit Aussicht auf Vollpension in Rente zu gehen. Arg bedauerlich, wären sie vorbei, die schrägen kriminalistischen Einsätze auf eigene Faust, die aufregenden Zeiten, in denen das Können eines Meisterduos brilliert. Zwei kolossal unterschiedliche Superhelden, die den Hang zu kniffligen Verbrechen, den Mut der Waghalsigen und den Sinn fürs Skurrile haben, zwei durchtrainierte, stramme Körper, gepaart mit Geist und Witz ..."

„Mensch Brownie, hol mal Luft! Du hast ja recht, du wahnwitziger, überdrehter, brezelbrauner Superkater! I love you ..."

„Echt jetzt ...?"

„Na sischer dat, wie Friedhelm, die nordrhein-westfälische Pfadfindertaube zu sagen pflegte."

„Ach, der dicke Freddy ... Wie es dem wohl geht? Der und die anderen Strategen haben bestimmt dein Porträt in der Zeitung gesehen. Wie unfassbar bedauerlich, da wäre ich einmal im Leben in den Genuss gekommen, weltweit bekannt zu werden, und dann so etwas: Ein anderer stiehlt mir die Show! Vom Pech verfolgt, würde ich sagen. Aber Respekt, dein Bild in der Zeitung ist echt niedlich ...“

„Niedlich?!? Absolut gelungen ist das, du versnobter Pfotenträger.“

„Der Snob bist doch wohl du. Ich bin ganz und gar Abenteurer und stelle mir gerade vor, welche Hysterie ausgebrochen wäre, wäre mein hübsches Schokoladenköpfchen abgebildet gewesen. Ich bin nun mal der Schönere von uns beiden, sorry, Mr. Silberpfote. Ich sehe die Hammerschlagzeile vor meinem geistigen Auge: Balou el Brownie, der mondäne Held auf vier Pfoten, hat eine Tragödie verhindert ... Oh Mann, all die verpasste Fanpost der hübschesten, süßesten Katzenschnäuzchen aus aller Welt. Ein riesengroßes Dilemma ...!“

„Träum weiter, Schokozwerg ...“

„Themawechsel, sonst werde ich noch trübsinnig vor lauter verpasster Chancen. – Hast du schon einen Plan, wie wir es anstellen wollen, Lou und Cassy Ade zu sagen? Sie hängen doch so sehr an uns. Verdient haben sie es nicht, dass wir einfach abhauen. Wir müssen uns wenigstens von ihnen verabschieden.“

„Mein Plan steht. Eines Tages sind wir einfach nicht mehr da. Wir müssen so vorgehen, sonst gewöhnen wir uns noch an Vollpension und Rumdümpeln! Schwupp und weg ...“

„Hast du in meiner Abwesenheit das Zaubern erlernt oder wie darf ich das verstehen, Silver-Baby ...?“

„Nenn mich nicht so, du Brezelheini ...“

„Der ist auch nicht schlecht ... Also Silver, wie stellen wir es an?“

„Warte bis Donnerstag.“

„Wieso Donnerstag? Was ist los, *donnerstags?*“

„Denk mal scharf nach, Brownie ...“

„Heute ist Sonntag. Ich soll noch vier Tage warten? Du bist ja noch perverser, als ich dachte.“

Montagnachmittag ...

„Silver, los, verrate mir deinen Plan, schließlich soll ich dich begleiten. Oder etwa nicht?“

„Klar, Mann. Seit unserer Weltreise auf See sind wir das siamesische Duo. Stell dich auf die Balkonterrasse und schau in die Ferne. Irgendwo da hinten steht das berühmte Empire State Building! In der obersten Etage möchte ich gemeinsam mit dir die Aussicht genießen, obwohl, so untrainiert wie wir beiden zurzeit sind, wäre es riskant, die Treppen hochzulatschen – bei uns Pfotenträgern ist die Beförderung mit einem Lift undenkbar. Wir würden auf halber Strecke kapitulieren und müssten wiederbelebt werden. Ein weiteres Ziel ist der weltbekannte Park. Es ist ja nicht irgendein Park, es ist der *Central Park!* Ich habe nicht vor, das prachtvolle Fleckchen Erde nur aus der Ferne anzuschmachten. Wenigstens einmal im Leben möchte ich in der berühmtesten Parkanlage joggen und meine einstudierten Yogaübungen zur Schau stellen. Vielleicht erhalte ich sogar Beifall. Das wär’s doch. Du schnappst dir ’ne coole Mütze und treibst Geld ein, damit wir nahrungstechnisch über die Runden kommen. Wie gefällt dir das, Schokomann? Da steht doch an jeder Ecke einer, der auf die Showbühne will: Karaokesingen, Zauberkunststückchen, akrobatische Einlagen ...“

„Ach, und du glaubst, die haben ausgerechnet auf einen wie dich gewartet, einen schiefergrauen, dickbäuchigen, kurzbeinigen Kater, der dämliche Turnübungen vorführt?“

„Na, erlaube mal! Nicht zu fassen, wie unverstanden ich mein Dasein friste. Ich bin ein Kartäuser, edelste Rasse, bildschön und ein Genie, nicht nur beim Yoga ...“

„Ne, is' klar, läuft bei dir ...! Dein abgefuckter Monolog bringt mich nicht weiter. Mir leuchtet nicht ein, wie wir vom Dachgarten in die Ebene kommen?!"

„Streng dein Spatzen... äh Spitzenhirn an, ich weiß, du kommst drauf ... Thursday ... Thursday ... I say only Thursday ..."

Mittwochvormittag ...

Del Silver wetzte wie von Seeungeheuern gejagt die Kratzbaumanlage rauf und runter, dabei sang er völlig aufgedreht: „I know the way, Thursday is my fun day. I go away on Thursday, Thursday is the free way ... Na, hast du's endlich?"

Ein Uhr nachts ...

El Brownie schreckte hoch: „Ne, mein Lieber, da mach ich nicht mit ... Ich weigere mich! Das ist nicht dein Ernst, Silver! Nicht mit mir! Du bist ja völlig irre ... Ohne mich! Schlag dir das aus dem Kopf! Vergiss es, Baby ...!"

„Lass hören, Brownie ..."

„Du meinst die Wischbrigade, die jeden Donnerstag die Fenster wienert!!"

„Ganz genau! Das hat aber gedauert. Ich habe eher mit dem Lösungsvorschlag gerechnet."

„Wie stellst du dir das vor? Wir steigen auf die fliegende Fähre und trudeln unbemerkt abwärts?? Wir haben keinen Fallschirm und sind nicht unsichtbar, Mann"!

„Also ich stelle mir das folgendermaßen vor: Sobald die Fenster blank sind, legen die Typen, wie stets, die Schwämme und Tücher beiseite, stecken sich 'ne Kippe in die Kieme, bequatschen, was am Wochenende abgeht, und trinken im schwebenden Korb ein Feierabendbier. Die sind so mit sich selbst beschäftigt, dass ihnen völlig entgeht, wie wir in einem günstigen Moment in die Eimer steigen, in denen die Putzlappen deponiert sind."

„Sechsundzwanzig Etagen?!? Oh ne, Mann, nicht in diesem Leben, nichts und niemand bringt mich in diese Gorillaschaukel, keine zehn Tiger ... Ich habe mittlerweile Höhenangst, das schaffe ich nicht!“

„Na klar schaffst du das! Was soll dir schon geschehen? Ich, dein ewig treu sorgender Partner, bin an deiner Seite! Gibt es etwas, was sicherer wäre, als mein Beistand, Brownie-Baby?“ Del Silver zwinkerte verheißungsvoll.

„Hm, darüber muss ich nachdenken ...“

Donnerstagmorgen, vier Uhr ...

„Und, Brownie, hast du dir Gedanken gemacht?“

„Okay, ich bin dabei, aber nur, weil es da noch etwas gibt ...“

„Meinst du unseren alles überragenden Spürsinn? Ich glaube, der ist unantastbar.“

„Das mag sein ... Ich meine etwas Wertvolleres ...“

„Was denn?“

„Unsere über alles siegende *FREUNDSCHAFT!!!!*“

Der Einsiedler Harry und sein Hund Jack leben fernab der Stadt in einer Hütte im Wald. Eines Tages finden die beiden ein verwaistes und schutzbedürftiges Tierkind. Muschkin, so tauft es Harry, ist ein Katzenbär – der einzige seiner Art und etwas ganz Besonderes. Seine äußere Gestalt ist beeindruckend, er ist überaus stattlich und atemberaubend schön mit tiefgründigen smaragdgrünen Augen, die jeden in ihren Bann ziehen. Seine tierischen Freunde haben Anteil an den zahlreichen Abenteuern, die Muschkin erlebt. Magische Kräfte befähigen ihn, die Gedanken der Menschen zu ergründen und sich in ihre Träume zu stehlen. Er hilft ihnen auf zauberhafte Weise. Zwangsläufig muss er sich den Gefahren und der Verantwortung stellen, die diese Gabe mit sich bringt. Bis er dem Rätsel seiner Herkunft auf die Spur kommt, ist es ein langer Weg.

Heidi S. Thiele wurde in Hildesheim geboren. Sie arbeitet im Öffentlichen Dienst. Ihre Leidenschaft, der sie einen Großteil ihrer Freizeit widmet, ist das Schreiben. Die Autorin selbst sagt: „Das Schreiben gehört zu mir wie der Klang meiner Stimme."
Ihre Fantasie hat viele Gesichter, sie ist in den Genres Fantasy, Frauenroman, Krimi, Lyrik und Kurzgeschichten zu Hause. Ihr hier vorgestelltes Kinderbuch „Muschkin, der wundersame Katzenbär" ist eine bezaubernde Geschichte von Warmherzigkeit, Hilfsbereitschaft und Nächstenliebe.

Heide S. Thiele

Muschkin, der wundersame Katzenbär

Kinderbuch

ISBN 978-3-946467-49-6
244 Seiten • Paperback • 14,8 x 21 cm
Ladenpreis: € 13,90